知识生产的原创基地
BASE FOR ORIGINAL CREATIVE CONTENT

全部生命系列

Turning Point

转折点

[美] 杨定一 / 著

华龄出版社
HUALING PRESS

图书在版编目（CIP）数据

转折点 / (美) 杨定一著 . -- 北京 : 华龄出版社，2021.7

ISBN 978-7-5169-2005-3

Ⅰ . ①转… Ⅱ . ①杨… Ⅲ . ①心理学－通俗读物 Ⅳ . ① B84-49

中国版本图书馆 CIP 数据核字 (2021) 第 184158 号

北京市版权局著作权合同登记号 图字：01-2021-2841 号

策划编辑 颉腾文化　　**责任印制** 李未圻

责任编辑 董 巍 郑建军　　**封面设计** 卢峻嵘

书　名	转折点		
作　者	[美] 杨定一	**编　者**	陈梦怡
出　版 **发　行**	华龄出版社 HUALING PRESS		
社　址	北京市东城区安定门外大街甲 57 号	**邮　编**	100011
发　行	（010）58122255	**传　真**	（010）84049572
承　印	文畅阁印刷有限公司		
版　次	2022 年 1 月第 1 版	**印　次**	2022 年 7 月第 3 次印刷
规　格	640mm × 910mm	**开　本**	1/16
印　张	13.5	**字　数**	167 千字
书　号	978-7-5169-2005-3		
定　价	65.00 元		

序

杨定一

我在《唯识：新的意识科学》和《必要的创伤》还未出版就紧接着开始写这本书，所考虑的是除了前两本书所带来的整合，其实还有另外一个层面也很重要，让我认为需要再用一本书来沿袭前两本书关于“颠倒”的探讨。

假如你要完全面对真实，而完全接受是意识为主、意识优先、只有意识是真的，那么，早晚你要面对人间这个层面的事实——

其实，你对物质和人类所看重的一切的认知，包括文化、文明、价值、历史，甚至科学，全部都会是颠倒的。

至于你点点滴滴活出来的这一生究竟颠倒到什么地步，或许你到现在还无法想象。就算我为你一一指出来，你也不见得会相信。

我想指出来的，其实还不到从唯物到唯识这种观念上全面而彻底的颠倒，而是光站在“有”的角度，就在这人间相对的范围，你从刚懂事，到上学、到今天所学到的一切，都是颠倒的。

这一点，你可能根本就没有想过。

然而，这种人间层面的颠倒，可能让你从观念、从认知、从思考，全面地重新起步。你突然体会到这种颠倒，也可能自然会进一步去追求“全部生命系列”所谈的从唯物到唯识的颠倒的关系。

这就是我写这本书的目的，它在认知层面的切入与《唯识：新的意识科学》和《必要的创伤》在逻辑层面和情绪层面的整合，是完全可以搭配的，而且是三面一体。

我会选择现在就着手进行这个作品，也是考虑到“quickening of time”（时间正在加速）的现象。这个现象，我相信你也注意到了，也就是人类面对的改变步调，正在不断加快。

举例来说，你现在可以接触到的信息量是不可思议的丰富，渠道也是过去难以想象的便利。人类随时可以跨越时间和地域的局限，共享同一个全球性的数据库。而且这种共享是双向的，你不光可以获得信息，你所产生的信息也随时能够被别人获取。这种方便，自然而然会为你的脑海带来一种全新的整合，甚至带来一种重新起步的作用。

除了信息的便利不断加快改变的脚步，接下来，我认为还会有一些重大的发生，也许是太阳系或行星层面自然的变化，也许是这个世界免不了的天灾和各种人为的伤害。这些发生，也同时在催促人类整体要提升意识、要往统一的意识前进。

就像我在《必要的创伤》里提到的，正是透过这种难以避免的对立、摩擦和冲突，你我才可能把一切都当作个人转变的出发点或恩典。

但愿到那个时候，“全部生命系列”包括这本书可以作为一个指南针，引导你我度过最艰难、最阴暗的时刻，让你我可以完成这一生意识转变的旅程。

至于这本书的书名“转折点”，所想表达的也只是——在人间，早晚会有一个时点，人类（当然包括你）会突然得到一种天翻地覆的转变。你会发现，过去所知道、所体会的全部都是颠倒。这种认知上的转变，会为你带来一个瞬间的同步或谐振，而让你突然明白，过去以为的颠倒，其实才是理所当然。

这种转变，即使还没深入到从唯物到唯识的颠倒，但它本身已经带来一个转折点，一个让你再也无法回头的点。

到这个时候，你才落到意识的门户，而接下来只可能进入唯识的真实。

这当然是我个人的期待。因此，我才会用那么多作品走到这里。

其实，这本书本来也可以称为“重新起步（Reset）”或“人类的实验（The Human Experiment）”。不同的书名，所强调的切入点多少会有些不同。至于能不能一一深入，也就看个人是否有足够的条件和精力。在这里，让我借用这本《转折点》先简单囊括其中几个相关的观念。

此外，希望你不会介意我再一次选择这种对话式的写法。其实，要谈人间层面的转折点，有许多根据和文献可以引用。但我总觉得这些可以参考的记录在时间上的跨度都很短，也只能做有限的引申。至于我想谈的主题，不光是时间的跨度很长而不可能有什么文献可以参考，我也不认为有任何文献记录是正确的。因此，我才会选择用这种方式，和你直接对话。

用这种对话的方式来写作，也让我可以更放松地涵盖多个主题，而不需要守住一个小题目来钻牛角尖。我想，在这个时点，你会想知道的是整体，而不是整体某一个角落表面上很精确的细节。

毕竟，我的出发点最多也只是希望带来一个触媒，催化你个人意识层面的转变，并不是再带出一套完整而详细的知识去探讨某一个小小的层面。过度强调知识层面的完整性，非但跟意识层面的转变不相关，甚至可能带来反效果。因此，我也就不采用一般科学或信息类书籍常用的体例。

尽管不求细节的详细与完整，但我很有把握，有一天（也许一两年、几十年或几百年后），这本书所谈的都会得到证实。

引言

杨定一

你可能还记得，我过去时常提到——这个时代，从我的角度来看，是人类史光明的黄金时代（Golden Age of Enlightenment）。当然，你过去听到这种表达，可能会以为我所谈的是人类的演化已经完成，而接下来一切都会顺利——社会愈来愈发达，文明也不断地进步，而生活当然会更方便，人类就要进入一种更辉煌、更理想的阶段。

然而，我所指的，其实是刚刚好相反。

我指的“光明的黄金时代”，并非从你（小你）、我（小我）的角度所认为的好或进步，而是从整体意识的层面来看。

确实，随着科技和科学的前进，社会的制度会愈来愈合理，让更多人有权利参与，能够选择在各种平台上交流、取得信息、交换意见，而朝向人们所认为的公平去发展。但是，从另外一个层面来说，也就是因为有这些方便所带来的成就，人心反而要承受各种幻灭的痛苦。

随着种种信息的揭露，愈来愈多人会有所觉醒。不过，这种觉醒并不是我在“全部生命系列”所谈的醒觉，而是人们会意识到过去所知、所学的一切根本不正确，谈不上中立，更别说公正。

举例来说，即使一般认定很客观、有凭有据的科学，只要你愿意独立而主动地去探索，就会发现所谓的科学其实含着很明显的偏误。各种议题，例如公共卫生领域和各种慢性疾病的研究、科学家对全球气候的探讨、绿色能源和传统能源的辩论，或是全球化、自由化等社会倡议和理念，你只要追查下去，就会发现这些讨论已经被几种观点给主导了。

更别说你每一天从各种渠道接收到的新闻，其实都带着立场。看起来中立客观的论述，你只要关注它的来龙去脉，就会发现都有它的出发点、有各自的动机。

从这些观察和探索，你会好像突然看清了事实，哪怕只是很短暂地看到了一眼。

既然现代信息的流通是如此便利，你也很容易找到无数过去的资料，而自然发现就连一般人所谈的历史，最多也只是某一个角度的说法。所谓的史实非但谈不上客观，离正确可能更是遥远。

这些观点，我过去很少公开谈，因为我知道会推翻许多朋友的价值观，而引发相当多的情绪。而且，在物质层面挖掘真相，从我的角度来说并不值得投入。我过去最多把它当作另一个层面的错觉。这方面的争论，只会让我们陷入这个人间更深，反弹得更激烈，更看不到终点。

但是，我认为这个趋势是挡不住的。针对每一个领域的知识和学问，从社会学、医学、科学、环保、心理学……人对真相的渴望自然会展开，而每一个人也自然会得到自己的结论。只是这个亲自得到的结论，很可能和现在一般所讲的完全颠倒。

不只如此，未来的危机，尤其天灾，很可能跟你我现在以为的完全不一样。气候方面的争议就是一个最简单的例子，在国外，这个主题早就是一般人随时都在谈的话题，很容易转成相当激烈的辩论，也已经成为联合国会议的议题。

有些朋友当然也会想问我的看法。通常，我不会多说，只是用手比一比天空。他们摸不着头绪，自然会想再追问。我就告诉他们，其实我指的是太阳。太阳本身有它的周期，这个周期可能是十几年，上百、上千甚至上万年。太阳周期带来的变动跟人类的活动没有关系，并不是人类的作为可以左右的。

现在回头想，早在 2005 年，一位相当有地位的科学家也问过我对气候变化的看法。我很坦白告诉他，要了解全球的气候，首先要了解太阳的运作和周期，而且只要研究下去，就会发现历史上重大事件的发生、社会的变迁、各种灾难都和太阳周期有直接的关系。太阳对人类和地球的影响，可以说比任何因素都更直接。

从我的角度，这种观点是常识。但我也非常惊讶，到了这个时代，探究气候趋势所采用的模型，竟然主要考虑的是人类的活动，而宁可放过更大的影响，例如太阳和其他行星与地球的关系。

你看，就连谈气候，我也还是着重于整体。就像你如果要了解一个人的健康，不能只看入侵人体的病原，而还要像中医把脉一般去掌握人的体质。从人体和外界双方的互动着眼，我们才可能全面理解健康和疾病的变化。

有了这种整体的观念，你只要愿意再进一步探讨，只是回顾过去的文献记录自然就会发现：合理的推论，可能跟媒体大篇幅所谈的主流观点完全相反。只要有能力把这些重大的影响因素考虑进去，你甚至会推翻目前大家认为是正确的结果。

关于这个议题，我最多也就说到这里。至于结论，其实是每个关心这个主题的人自己要去探讨的。

我想表达的是，如果有凭有据的具体科学都有这种情况，那么在各自主张的公共卫生、行政、经济、社会等领域，你可以想象所谓的主流其实完全没有代表性。毕竟，很多大家认为理所当然的前提，本身也仅仅只是假设，是带着个人主观的臆测，不一定足够周全。

但是，知道这些，对你到底有什么用？

我还是要坦白讲，其实什么用都没有。最多是透过这些探讨，你明白人类已经进入一个极端的状态，也就是古人所称的末法时代。这是一个处处都有对立、摩擦和反省的阶段。没有经过这些对立、摩擦和反省，也没有真相、启示或启发可谈。

一个人得到了种种的启发，甚至明白这一生所知道、所学到的都是颠倒，才会想找另外一种解答。毕竟，依赖各种既有的知识和制度，到头来只会让自己充满失望，止不住的灰心。

对世界失望，对自己和周边灰心，对什么都不抱希望，也不感兴趣——这种心情，任何受过创伤的人都能够理解。人类眼前所面对的，可以说是历史上从未有过的演化的交会点。身心各层面的创伤也会是最普遍的现象。在这样的时点，每一个人要用怎样的态度来看、来克服、来度过？

这个时候，意识转变的机会就来了。

其实，“全部生命系列”的作品一直在等着你，等着每一个需要它的人。对于已经接触到“全部生命”观念的朋友，如果你一路跟着读到这里，也认真投入练习，我相信你自然会想进入下一个阶段。下一个阶段，也就是一个执行的阶段，而不再只是停留在理论基础的建立或说服。

这个阶段最多也只是——怎么透过唯识、透过全部生命的观念，让你面对生活、面对生命，不会再让自己陷入人间的旋涡。

当然，这样的你，也可以说是最成熟的一群，准备好面对意识的转变。

最后，我会用“转折点”这三个字，其实也想表达以下的观念：或许你过去也注意过，在一个封闭的系统里，例如人间，如果某一个信息的量突然达到一个关键值，它会瞬间扩张开来，影响到整体。

举例来说，就好像本来所有人都认定地球是平的，但就在一夕之间，所有人都接受了地球是圆的。接下来，还可以进一步发现地球其实是绕着太阳转，并不是宇宙的中心。

原本对大多数人很虚无缥缈的观念，转眼间成为新的常态、新的典范。大家突然知道真相，或说集体的意识瞬间能接受真相——这种大规模的、突发的变化，我们也可以称之为典范的变迁或典范的彻底转移。

在人类各种学问和领域，未来短短几年内，典范转移的现象会是数也数不完的。这些转变不只在物质的框架，也包括心灵更深的层面。在弹指之间，它成了新的常态。这一点，你可以不用质疑。

只是，这样的转移就像我前面提到的，它表面上不见得是让人安心的。

物质层面的转变，会让人类的环境和社会动荡到一个地步，让人觉得什么都靠不住、没有安全感。

然而，正是这剧烈的动荡，会让人类彻底翻转过来，投入意识的层面。因此，我才会一再地提到，这是人类光明的黄金盛世。

目录

01
关键的少数

你可能还记得,我很早就提过critical mass关键量或关键数量的概念[①]。这个概念，也就是我在这一章所用的标题“关键的少数”。谈关键的少数，我要谈的除了意识状态的转变，也包括认知或是体验层面的转变。

转变是怎么发生的？其实一个缺乏规律（de-organized）的状态，只要有一小部分产生了某种规律，不知不觉（也可以说是突然间），整体就达到了规律。先达到规律的这一小部分，也就是这里所谈的“关键的少数”；而这个整体，可以是人类的知识体、文化，或某种集体的认知。

至于所谓的规律，最多也只是同步或谐振。

但，同步什么呢?

就像我在“引言”的最后所表达的，也就是突然之间，大家过去并不认同，甚至想都没想过的观念，竟然已经融入了整体的潜意识，并变成每一个人都认为是理所当然的假设。站在这个理所当然的假设，我们也就可以进一步建立其他的观念，把知识变得更进步、更细致、更复杂，

① 《神圣的你》5-14“醒觉，走出整体的失衡”。

得到更多比较和分别。知识一步步地前进，不光可以解释你我的聪明；而知识的累积，还会被我们拿来当作人与动物、与其他生命的比较基准。

我在《真原医》和《不合理的快乐》都提过曳引作用（entrainment）的概念，用同一个空间的不同钟摆自然会被其中最大钟摆的摆荡频率给带动，而到后来变成步调一致的例子，来表现一种同步或谐振的过程。当时，在《真原医》谈曳引或带动的作用，要谈的是心如果达到同步或谐振，自然会带动脑的同步，而让身心运作达到最不费力的和谐。

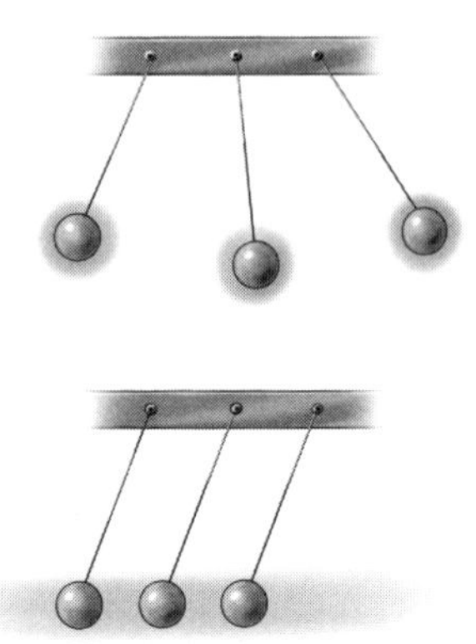

《不合理的快乐》

我们可能以为，这种整体的同步，是比较巨观的人类或物体行为才有的特色。但是，其实在微观的层面，就连物质最基本的性质都有这种现象。透过突然的同步，物质彻底改变了它的性质。举例来说，水在过冷的状态下，只要局部产生了几颗小小的冰晶，就可以让结冰突然变成一个整体的现象。

再来一个实例，地球大气里很稀有（只占百万分之 5.2）的高贵气体氦。它最普遍的同位素形态（^{4}He）在接近绝对零度的低温下 [< 2.17 K（-270.98℃）]，透过极少量分子的同步，整体的性质会发生突变，成为一种没有黏度的特殊液体，称为超流体。这种超流体有各种反常的物理性质，像是毫无摩擦地流过任何表面，甚至能穿透某些塑料、橡胶和玻璃。

生物体内有数不完的反应，都是透过这种同步的机制达成的。少数的原子、分子，透过它们的秩序在更高的层面进行了系统性的组织化，并突然影响整体的规律。细胞内的水就是一个例子，它比纯水更有秩序，并能够支持各种生物分子的构形和反应。你会发现，同步的机制为生命丰富的表现建立了平台；如果没有同步的原则，也不会有生命丰富而和谐的现象。

无论是身心的同步，还是物质基本性质的变化，和我们在这里所谈的现象是同一个道理——更高的意识、更大的真相，或更多的知识自然会盖过比较小的角落。这种同步，也只是自然而然地沿着位能或秩序的梯度往真实演变。

如果你还记得，热力学第二定律指的是在一个封闭系统里，熵会趋向最大。但值得注意的是，这个更高、更广、更深的真相并不像热力学第二定律讲的会变得更乱或是更没有秩序。相反地，它是更有规律、更有秩序的。

更高的真相就像是含着一种更根本、更完整的秩序，或者说一种最简单明了的原则，而可以把其他比较不完整的真相囊括起来。

谈了这么多，我还是要回到这一章的主题：无论新的秩序还是整体的秩序是透过什么机制而来，对你我最重要的其实是——达到转变，这个关键的数量到底是多少？

以前，我和朋友谈到这里，就会顺手在黑板上画一个简单的图，大致表达这个概念。

在这张图中，你可以看到我把多少人（# People）采用新的观念或秩序当作 *X* 轴，把整体意识转变的程度（Consciousness Shift）当作 *Y* 轴。

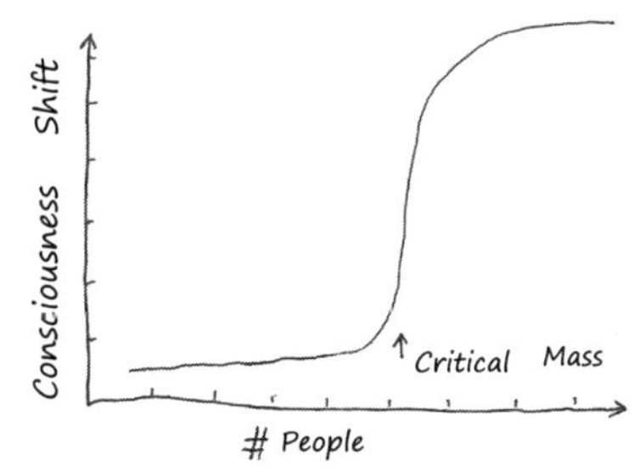

你可能会想：意识转变可以有固定的衡量标准吗？你也会发现，我把转变曲线画得超过了 *Y* 轴的最高点。当然，这本来就不是精确的作图，然而，我也想要借此表达：

其实意识转变是超过人间相对的尺度所可以衡量的。

回到这个概念本身，你可能会很惊讶，要达到转变，这个关键的数量其实比你所想象的要少很多。过去信息传播不那么发达的年代，或许要到 1/3 甚至 1/2 的人拥有了新观念，才会引发整体的转变。但是，随着现代人之间的沟通愈来愈方便，信息扩散的效率愈来愈好，引发转变所需要的数字也在不断地下降，甚至不到整体的 1/10，就可以引发整体的转变。在科学与科技的领域，我也听过有人用 7% 作为达到突破所需要的关键值。我认为这个估算相当正确，所以也会采用。

这种转变就像是在一瞬间发生，好像大家也很有默契地都懂了。至于是什么传达了这种转变，坦白说，不见得是透过文字或语言的传播，反而更像是一种集体意识的同步或谐振。透过共振，在那一刻，大家突然懂了、突然明白、突然知道。原本觉得陌生的观念，一夕之间变成理所当然。

当然，我们要走到唯识的门户所要跨的那一大步，我过去常说比从青蛙到人类的演化距离还更大。但你可能想不到，人类整体要跨的这一大步，所需要的关键少数甚至不需要到 7%，或许不到 1% 就够了。也就是一百个人里头，只要不到一个人达到这种意识，他其实什么都不用做，就可能足以影响到其他 99%。

我会强调什么都不用做，是因为我们过去所学、所体会到、认为是意识的层面，其实还落在“做”“有”的范围。然而，只有进入“不做”“在”“心”“全部”的层面，我们才可以扩大我们的生命场，让这个生命场大过个人的生命场，自然就可以提升周遭的生命场。

我在《真原医》和《静坐》中说过，是像凤毛麟角一般稀有难得的大圣人影响了后人上千年的文明。因此，我才会用反向工程（reverse engineering）来表示人类的演化。也就好像透过这远远低于 1% 甚至不到百万分之一的关键少数带来了一个基准，让全人类的演化自然要朝向他们的境界和意识的状态而前进。

再讲透彻点，就好像人类集体的潜意识里有一个假设，并让全人类在某一个层面隐隐约约知道：这些少之又少的人物所反映的意识状态，虽然是最原初、最简化，但它才含着全部的可能，而是你我每一个人心里都知道的终点。

我也只好再强调一次，从我的角度来看，人类历史几千、几万年来演化的方向其实是颠倒的。发展的方向并不是要往外在去努力，反过来其实是要往内。往外在的发展，全都是次要的，甚至还分散了人类宝贵的精力和注意力。

当然，你目前可能还认同不了这个观念，而会认为根本没有这回事，还要继续在人间的物质和科技层面发展。但是，总有一天，你试遍了所有发展的可能，并且再也没有地方可以延伸下去，到时，你也只能彻彻底底回到自己。

回到自己，也只是回到少之又少的大圣人所分享的状态。

我才会说，在这方面要达到关键的少数，并不是靠人间一般重视的推广、教学、分享或其他的“动”。一落在这个范围，反而跟现在人间颠倒的方向没有两样，也不可能达到比青蛙到人类更大的跳跃。

相反地，是人的意识可以轻松地休息在自己、安顿在本来就有的自己，让意识自然扩大，而这更大的生命场自然发挥出来，我们才有进入光明的黄金时代的一天。

也许你读到这里，还是认为不可能。你会认为不可能那么简单，竟然不到 1% 的少数就可以影响到整体。这种事，你会认为你这辈子是看不到的，可能就连你的下一代、下下一代都看不到。但是，你或许没有想到，整个宇宙竟然好像已经说好了，好像已经偷偷地串通起来，非要让超过 99% 的人接受那不到 1% 的关键少数所代表的真相。

然而，来自宇宙各个角落的助力，也不外乎现在人和人、社会和社会、文化与文化、世代与世代、组织与组织、领域和领域、理念和理念之间剧烈的摩擦，再加上从行星层面顺着周期所带来的压力。

可以说，你我正好赶上了这个时点。

从我的角度来看，这些摩擦和种种的条件与事件（也就是一般人所认为的灾难和动荡），自然会让 99% 以上的人想找到一个更深刻、更强而有力的人生解答，而被这不到 1% 的人吸引过去。

这是可能的。

其实，这也就是稀罕难得的大圣人带给我们的帮助。过去，透过他们的引导，让人类还有一点表面的规律或秩序，勉强平安生存到今天，还没有完全毁灭人类的文明和世界。

所以，这其实不是不可能，而是绝对可能。历史就是一个很好的例子。只是这一次，转折点带来的扭力会远远大于过去。毕竟现在的条件和当时不同，人口的稠密程度也完全不一样。因此，只有透过现在的转折点，才可能让人类永续存在，而真正进入太空的世纪。

我在这里先从“全部生命”的观点来切入，在这样的未来，这种全新的意识状态并不是少之又少的人才能进入，而是每一个人都可以轻轻松松找回来，可以不费力就采用的。

也许，你就是这关键的少数。

02
文明

浩瀚的宇宙可以有数不清的文明，人类的世界，最多是数不完的可能的其中之一，而地球也只是众多可以让生命栖息的行星之一。

如果佛陀、老子、耶稣知道，过了两千多年，人类竟然还在争辩这件事是真是假，一定会深感不可思议。

也许，你已经知道这个事实；或者，你也可能和大多数人一样，还在无视、甚至抵制这个可能。毕竟人类过去都是站在五官的角度在探讨这个问题，也就是透过自己的眼光和框架来衡量有没有其他的生命，而很少会去探讨五官之外的可能。在这样的框架下，要接受眼前就有无穷无尽的其他聪明或生命，确实是难以想象的。

既然如此，对于其他的文明和很可能落在其他维度、甚至是时—空以外的生命，我们怎么会不断地想用五官在眼前的时—空去找根据？

这种坚持，怎么想都不合理。

坦白说，人类所承认的根据最多也只是落在人类可以懂、可以体会到的范围，而不可能跨到人类目前的设备测量不到或是人脑想不来的可能。我相信只要你冷静去想，就会发现这个重点：五官之外的可能，确实远远超过目前你我所能体会的范围。

当然，你可以先把这些话摆在心里，自己冷静下来再做一次思想实验，也自然会明白——究竟是坚持不可能比较正确？还是接受有这种可能，才比较合理？

当然，紧紧守住一个禁不起挑战的观念，对人类其实并不是什么新奇的错误。我在“引言”中也提到，人类有一个时期相信地球是平的，而且自认为是宇宙的中心。当时的人不光把这样的论点当作是真理，还要引经据典、建立各种学问、发动各种力量来守护它。

这种坚持，就好比有人从碗里刮下一点剩饭剩菜，就把它当作是一颗珍珠。不仅如此，还会不断地向所有人说它有多美、多稀罕、是宇宙独一无二的珍珠、除了它以外没有第二颗……我相信，你绝对会认为这太离谱了。这种论点，你连听都不会去听，更别说去谈论。

但是，谈其他生命和文明时，人类就是这么捍卫自己的。这一点，经过前面的说明，我相信你已经多少可以理解了。

接下来，你或许会想：“既然有这么大的阻力，为什么还要从这一个论点开始谈起？”

一方面，这是事实。不光在地球之外有其他的文明，其实在这个地球就有数不清的文明，发展程度和人类没两样或更先进，只是我们的五官看不到。另一方面，无论从心理层面还是人类的发展和命运来看，假如可以认同这一点，那么，一切都会大不同，更能够催化很大的改变，

对你个人来说，只要能接受有其他生命和文明的可能，甚至认为这就是理所当然的事实，那么，你个人在人间的所见所闻，以及你所看重的样样价值，可能都会有很大的变化。

你会发自内心地感受到，眼前的问题其实没有多严重；甚至你会明白，其他文明会分享更大的聪明、更有效的选择，来帮助人类跨过眼下的种

种关键的困难。

这些困难也许是充满矛盾的人际关系、工作的难关、社会恶性的竞争、组织和组织的冲突……无论是怎样的难关，这种全新的观感自然会帮助每个人放下自己的偏见，而让全球重新凝聚起来，一起度过眼前的纠纷。

有数不完的文明跟人类一样或更先进。这种突破性的真相，就是这么重要。在很短的时间内，这个事实会变成一个普遍的观念。你会发现，承认有其他文明和生命的存在——这么一个直截了当的认知，可以帮助你跨越你现在所遇到的问题，甚至全面推翻你这一生点点滴滴累积下来的价值和观念。

这一次，假如人类可以认同这一点，那会是最大的一步。打开这个认知的限制，自然会带来完全不同的视角，让人类可以重新看待自身的处境。到时你再回头看看现在样样的冲突、窝囊和不满，会发现这时的自己根本还在黑暗世纪。

你我会突然发现，过去认为很重要的东西，其实只是我们自己赋予了不成比例的重要性。这个新的认知，会带给人类对未来的希望，让我们能够勇敢跨出下一步。我们会真正团结起来，心里明白种种的分别、争斗、战争不光是不需要，更是多余的，根本不是解决问题的方法。

这，可能是人类演化到现在，最需要的一个转折点。

再用一个比喻来说，就像人类从坚持地球是平的，转而承认地球是圆的，而接下来又接受地球不是宇宙的中心，而甚至又突然知道连太阳都不是宇宙中心、银河系也只是宇宙无数星系里的一个……这一连串的推翻，也就把你我的认知一下子从中古时期带进了现代。其中每一个认知的颠覆，都为人类带来很大的震撼，而带来全面的跃进。

然而，这么大的跃进，你说究竟改变了什么？

其实，什么都没有变。

所改变的，最多只是理念彻底的转变。

生命和宇宙有一条很少人知道的规则——表面上，生命是从同一发展出多重性，但是演化到最后，还是要往友善、往合一去发展，而不是往分别的方向无限制地前进。表面看来是回到同一个原点，但回到这个原点的生命，其实已经和出发时不同了。

就像我常讲的一个比喻：一个人醒觉过来，看起来还是同一个人，但和当初在追求醒觉的那个“自己”已经不同了。同样地，现在还在黑暗中摸索、尝试各种可能发展的人类，如果进入太空世纪的阶段，也自然会焕然一新。

你如果认同了这一点，也自然会发现（当然，不是透过五官）有无数的文明、更高的聪明在等着跟人类接触。他们是想来提供协助的，不可能像某些人认为的是要来占领地球、毁灭人类。

你想想，以他们的先进程度，如果有这种动机早就做了，不需要等到现在或未来。这些更先进、更聪明的文明是想来帮助我们的，才会到处留下线索。这些线索不光能为个人带来一线光明、一丝希望，更是让我们有机会跟他们接触。

然而，要找到他们，方法跟绝大多数人的想象完全不同。你大概也想不到，要找到他们，甚至不能说是用什么方法。说方法都太复杂了，其实也只是给自己一个允许——允许自己让他们来接触。

就这么简单。

要进入这个阶段，靠的完全是一种主动的转变。

只是这个，不是别的。

最多是你很诚恳发一个愿——*我希望改变，我希望接受宇宙带来的任何工具。*

你发出这个诚恳的念头，比我各式各样的说服都更有力。这是从你自己的中心发出来的，而且符合事实。

事实是，你跟这些更高等、更聪明、更先进的文明本来就完全没有分别。你只是把身份弄错了，误以为自己就是这个地球上的某某人，而把全部的可能投入这个错误的假设。

假如你把这个假设解开，那么，其他的文明也只是你。

这样，你就贯通了。

这是最大的秘密，并可能是你这一生所解开的最大秘密。

接下来，我不需要再说什么。你自然会进入一个旅程，而且是没有回头路的旅程。你自然会发现，这本书所谈的都是真的。而且，你个人会有种种精彩的经过和发生，让你可以亲自验证。

走到这里，也只是为了帮你打开这道门。

当然，你或许会想问：如果真的这么重要，为什么这些知识还没有浮出来？

最后，你会发现，这一切最多又只是人类自己的限制，只是我们认为自己不可能。但是，这种事实是挡不住的，早晚一定会浮出来。

浮出来后，很短时间内，就像“01 关键的少数”中所讲的，这个新的认知自然进入集体的潜意识，变成每一个人都自然采用的前提。

03
人类的错觉

生命，不是只有你眼前的可能。

量子物理把这个观点发挥得更透彻：我们生命或物质的世界其实随时充满着不确定的可能。举例来说，一个粒子，如果你能知道它的位置，就无法知道它的动量。反过来也是一样的，你知道它的动量，也就不能得知它的位置。总之，我们无法同时精确得知两者，总有一个是确定不了的。

这种不确定性也就好像在表示，我们永远有新的可能可以活出来。再往更大的范围去推，也就是其实可以同时有多重的宇宙存在。我在《奇迹》分享过类似的观点，也借用《环球科学》（*Scientific American*）某一期的封面报道《多重宇宙也有生命吗？》（Life in the Multiverse: could the strange physics of other worlds breed life?）来表达。

再讲得更透彻些，这种不确定性也好像在说，是透过我们每一个选择，

把眼前的状况固定下来，再透过下一个选择，再活出下一个固定。生命的点点滴滴其实不是注定，而是透过一个又一个可能慢慢化出来的。

然而，当时爱因斯坦认为不可能是如此。这让他用念头（思想实验）怎么也想不出来。因此，也才有了这句名言“上帝不会拿宇宙来掷骰子”（God does not play dice with the universe）。他并不认为我们眼前的生命或世界有数不完的可能，更不认同这些可能还在不断地分裂、不断地变多。

不到几十年，透过几位诺贝尔物理学奖得主普朗克、波耳、海森堡、薛定谔、迪拉克，以及后来更多科学家的努力，量子力学已经变成物理学的“传统领域”。尽管如此，这门“传统”所描述的，依然不怎么像你我眼中的现实世界。

你会想问：为什么我们不会随时体验到量子力学所谈的不确定？

对你，眼前这个现实是由线性的事件构成的，样样有先有后，而要一件一件依顺序发生。人类的历史，也是沿着时间先后排列而展开的。这一切，并不像量子物理所讲的，点点滴滴原本都只是一种可能性，而这种种可能性竟然要透过念头（也就是你、我的意志）才能固定下来。

这么说，当然都对，也都不对。

怎么说？

这个现实所含着的选择，其实老早已经选定了。在我们还没有来到这个人间，在一个比分子更微细的世界，这个人间的源头就已经选定了。

我在《时间的陷阱》也提到，这个人间最多只是在延伸先前已经选定的条件。我们可以体会的这个现实（也可以称作牛顿力学的世界——一个有重力、有时—空的世界）是透过业力连贯起来的。一切，老早已经锁定。

我过去才会说，这一生，你其实并不是自由。你这一生的一切，已经不是一个自由的范围。你我这个时候可以做的，最多只是观察和见证。

见证什么？见证“你”还没来这一生就已经决定的一切，而这一切是包括你这一生可以体验、可以活出来的点点滴滴。如果你非改变这个已经写定的剧本不可，这种尝试就算不是不可能，难度也太高了。

对你，唯一一个改变的可能是，反过来，将注意落回到一切的出发点。这时候，你最多只需要看穿眼前的现象，而彻底地体会到一切现象的来源。这个源头，也就是我多次重复的——整体、心、全部、一体、绝对、意识、空。

只有这样，你才可能突然把意识从一个局部的点转向整体，而可以充分体会到——这一生的剧本，只是一个狭窄的可能，只是种种可能的其中一个。至于你个人这一生可以活出来的自由，最多也只是不被这个狭窄的剧本骗走。

说你自由或不自由，看的并不是你能不能改变这个剧本的细节。坦白说，无论是不是去更改这一生的结果（也就是一般人所谓的命），根本不会影响你这一生可以体会到的全部或真实。所以，改不改已经不是重点了。

因此，我才会说，把注意力回转，是你可能有的唯一的自由。

我会重复这些观念，最多只是想表达，这个人间或地球最多只是代表一个可能的层面，在这个层面，种种可能是被锁定了。然而，生命或聪明并不只限制在这么一个层面。只是你我过去被五官和头脑的聪明限制住了，才可能会以为这个狭窄的层面、地球的层面足以代表全部；最奇妙的是，你一直在这种限制下，想去探讨有没有“其他”的聪明、“其他”的生命、“其他”的意识状态，包括会想探讨有没有一种东西叫作“唯识”。

这种限制，不光是阻挡了你对有没有其他的文明、有没有其他生命……这类主题的接受度，甚至阻碍了你对一切物质可能性的想象。各种可能的突破，包括星际旅行、能源的利用效率……全部都被我们自己给限制住了。

举例来说，如果用 E 代表能量、m 代表物质的质量，而 c 代表光速，那么，爱因斯坦有名的质能转换公式 $E=mc^2$ 表示的是——你能从物质中取得的能量，是可以从物质的质量再乘上光速的平方而计算出来的。你会注意到，这个质能转换公式锁定了你从物质取得能量的上限，是因为它含了一个边界条件，也就是光的速度。

光在真空行进的速度是每秒 299 792 千米，这是人类移动速度的上限。你可能会觉得，这样的速度对你够快了。但是，你再仔细想想，如果人类想做星际旅行，那么，从地球到最近的一个星系（2004 年发现的大犬座矮星系，Canis Major dwarf galaxy）的距离是 2.5 万光年。就算你用光速前进，也要耗费 2.5 万年才可能完成这个跨星系的旅行，而且还只是单程！

这样的框架自然限制了你的想象，而让你认为即使有别的文明，距离也太过遥远，根本没有接触的可能，自然也影响不到人类的生活，跟你一点也不相关。

但是，你可能从来没有想过人类正要进入一种量子式的跳跃，而这种跳跃的幅度就像我时常用的比喻，比从青蛙到人类之间的演化距离还大。

然而，要完成这样的跳跃，其实也只是感知和思考框架的彻底转变。

如果你知道有更先进、更悠久的文明存在，而这样的文明正在等着人类发展到他们的程度——光是这样的观点就足以影响人类历史的发展，并为人类带来脱胎换骨的影响。

这样的观点自然带着你、我、每一个人，用全新的眼光重新检视过去的历史和所有的价值观，并从中得到全新的诠释和启发。你所得到的诠释，甚至会跟人类集体意识过去所认知的完全相反，更别说和历史教科书截然不同。

你这才可能突然体会到，其实人类并不像自己以为的那么发达。从个人的层面，你也可能会发现，原来自己过去都把精力投入在一个错误的范围，而要透过不断地费力和劳苦，才可以换来一点勉强可接受的生活质量。

假如人类能从源头就采取一个不同的模型，更接近唯识而不是现在的唯物，或许能为你、我省掉数不完的时间和痛苦，而让太空的兄弟姊妹们不再永无止境地等候。人类也才会发现真有一个东西叫作宇宙统一的意识场（universal consciousness）[①]。到这里，你我也才会突然明白，其实人类并不需要那么辛苦——用这种头脑的错觉和限制，注定自己在地球的命运。

到了这个时点，大家就好像突然清醒过来，在一些核心的观念上，再也不会受人欺骗了。

这种清醒，在人类历史上是一个转折点。

人类如果懂了这些，而透过关键少数的意识状态来带动地球的发展，那么，我们也终于有资格说——人类即将从一种原始而落后的文明，进入真正的太空世纪。

这其实才是我认为的人类的命运，也是你、我这一生来所要完成的任务。

再讲更彻底点，从我的角度，你不见得要努力去醒觉，甚至你不见得要知道什么是醒觉，而最多只要能够分辨什么是真、什么是假，也就已经不知不觉把自己落在我过去所讲的绝对的门户、人间意识的源头。

在人类的演化路上，你最多只需要做到这一点。

---

① 不过，这里谈的“宇宙统一的意识场”还不是我在“全部生命系列”所谈的心、意识或绝对，而就是相对范围里的一个统一的意识场。

接下来，下一步，当然比这里所谈的跳跃还要更大，甚至可以说是无限大的跳跃。然而，这样无限大的跳跃，其实是不费力的。

只有这样，人类才可以自称为是真正开化、得到启蒙的种族（enlightened race）[①]。

① enlightenment一般会翻译为“启蒙”或“开悟”，而enlightened也就是表达一个人悟道了。你会发现，我在和大家交流时很少用这种表达。这种用词本身造成一种误会，好像在暗示你要从黑暗走向光明，或是本来没有一个境界但突然间有了。这些，其实都还是二元对立的观念。

从“全部生命”的观点来说，悟是你的本质，是你本来就有的，是理所当然存在的。悟，并不需要你去找。你最多是把不真实的部分挪开，悟自然会展现出来，而接下来会主导你、主宰你，变成你主要的部分。只有这样，它才是真正不费力。它与你在人间可以“做”的一点都不相关。

04

人类的愚蠢

接下来要谈的，你现在应该不会记得，毕竟那是几万年前的事了。但是，这些经过还在你的潜意识里。也许我再讲下去，你就会明白。

人类，是怎么来的?

现在的科学，会认为陆地生物的演化是依照这样的顺序来的：先有青蛙这种两栖类，然后有了正式爬上陆地的爬虫类、哺乳类、灵长类；接下来是能站立的原始人类，然后才出现了脑容量更大、更接近现代人种的人类。

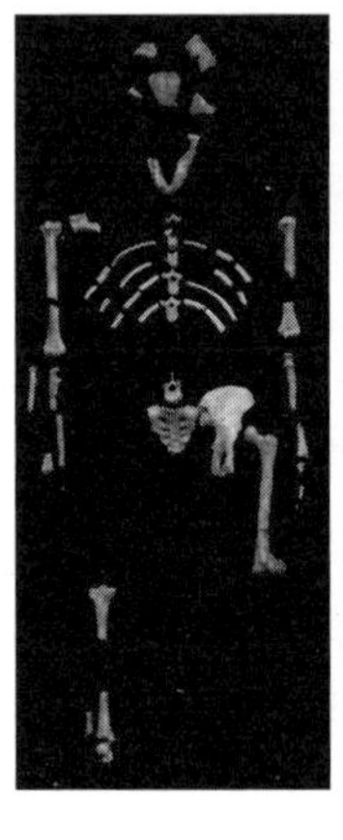

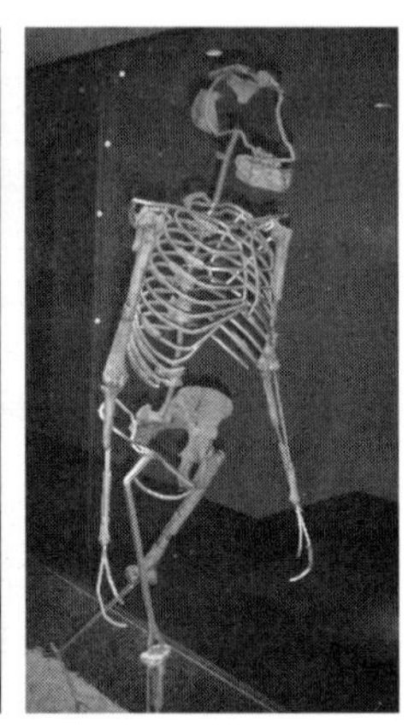

你可能听过“露西”。露西是大约320万年前的南方古猿，因为有可以两脚直立行走的骨架和一定的脑容量，有很长一段时间被认定是人类的始祖。现在，你可以看看露西“本人”。左边是当初找到的露西骨骼化石，右边是在德国某个博物馆展示的露西（是组装的复制品，真正的露西在埃塞俄比亚国家博物馆）。

科学家真了不起，从这么一点点化石，竟然可以组合一个露西，并可以推论人类的起源。不过，露西在人类始祖的“宝座”并没有待太久。后来考古学家发现了更早的化石证据“阿尔迪”。一样是女性，是大约440万年前的化石。不过，阿尔迪的名气就没有露西这么响亮了。

有了不断出土的化石，人类学告诉我们，在这地球上至少出现过巧人、匠人、直立人，然后才有早期的智人。再搭配最新的分子生物证据，有些人类学家相信早期的智人在地球上又生存了十几万年，才走出非洲而取代了当时存在于欧洲和亚洲的其他原始人。

这样的推论告诉我们：人类，从非洲走出来，在地球漫步了几万年，从没有文字记录的史前时代，一步步走进有文字的历史；从模糊的上古时代，经过封闭的中古世纪，然后到样样都透明、都有效率的现代。这样的现代人也就是——我们。

从这种角度来写人类的演化史，显然含着一个你我认为理所当然的假设——人类越演化，就会越“先进”，就会拥有更多的选择与可能。然而，这个版本的人类史可以说完全忽略了另一个面向：尽管拥有更多的可能，你我依然受到物质和头脑的限制。或者，就像爱因斯坦公式的边界条件所表达的，人类脱离不了光速的限制。

到这里，你是不是愿意打开心胸，试着想想这样的可能：那个阶段的人类其实并不像现代人自以为的，只是在一种像动物一样的史前状态。或许，最早期的原始人类还比较接近一体，更接近一个统一的意识场。

如果你可以接受这种可能，也许能让你解开过去想不通的现象，像是为什么许多古文明含着不可思议的知识体、充满感染力的艺术表达，像是为什么现代社会的生活明明很进步，大家却好像愈来愈不快乐。

和现代的你我相比，早期人类或许在物质层面是相当落后，但他可

《时间的陷阱》

能还记得自己并不受肉体和物质的限制（对爱因斯坦来说，也就是可以不受光速的限制）。他不费力就可以将意识扩大，让自己的注意轻轻松松从物质层面的每一个角落“转回”“扩大”到一种非物质的层面。

如果不受到物质和肉体的限制，早期的人类和动物一样，随时可以活出一个统一的意识场的状态。活在统一的意识场，也代表这样的早期人类随时在一种瑜伽①的状态。现代人认为理所当然的隔阂和分离，对他而言是连想都没想过，更别说听过了。对活在这种状态的早期人类，不光是人和其他人没有隔阂，人和动物没有隔阂，人和大自然更是没有隔阂。甚至，人和其他的聪明、宇宙任何角落的文明都没有隔阂。

透过这种合一，一个人想去哪里，就可以去哪里。无论灵性的境界，还是其他文明的世界，都没有什么稀奇。他的意识可以到任何地方，也可以随时回到当下。

我知道，现代人听到这些话，大概会当作是一种迷信或幻觉。但是，活在这种状态的早期人类可以说就是拥有这种“天眼通”，或现代人会称为“特异功能”的能力。许多探讨原始文化的人类学家，也记录了类似的现象。对不受头脑和五官限制的人来说，这只是一种理所当然的本能，并不会认为这比眼前的物质世界更近、更远、更重要或更不重要。

我想更大胆地提出一个观点：人类的演化，是走上了一条颠倒的路。活在这种状态的早期人类，在灵性方面的成就其实远大于我们。他们的头脑不像现代人这么的发达与复杂，也没有这么多的阻碍。我前头会写《集体的失忆》，也是在表达我们在潜意识里都记得这种没有分别的状态，只是头脑忘记了。

你会发现，现代人对灵性的追求相当强烈，也只是因为你我好像记

---

① 这里谈瑜伽，是采用在梵文里“合一”的原义，并非大家后来强调的瑜伽姿势或运动。

得又不记得，自然会不断想往这个方面去寻找，想要得到合一。我才会一再地提醒许多朋友，灵性的发展是一个反复的过程，是回到我们本来就有的根源。然而，这种颠倒和科技的发展其实并不冲突，最多是科技不需要往分歧的方向发展，而是配合一种统一场的蓝图。

最有意思的是，早期人类也懂得团结，并进一步分工合作。透过这种共同的运作，集体可以达到个体努力所达不到的效果。这自然让群体发展出各种促进人与人沟通的社会行为。

当时，群体的领袖并不像后来一样是男性，反而是以女性为主，而且主要是生养过儿女的女性。我想，你也会同意，只有当过母亲、照顾过年幼的孩子，才懂得什么是无条件的爱，而可以包容群体的种种样样。这种以母亲为主的群体，也就是后来人类学家称为的母系社会，是透过非物质层面的聪明和慈悲来引导；而这种包容的爱和智慧，其实才是人和动物最不同的地方。

谈到这里，我突然想起海里头最聪明的哺乳类动物虎鲸，也一样采用母系社会的生活方式。虽然名字里有个“鲸”字，但虎鲸其实和我们熟知的海豚是同一科的动物，外观看起来也很像。

虎鲸的群体由最年长的母虎鲸带领 2 到 9 只同类，就像一个大家庭。它们的生存技能很特别，不是个别行动，而是靠合作和团结去捕猎。这种合作的能力，是透过母虎鲸传递下去的。

回到人类初期的母系社会，如果这种模式能延续到现在，或许我们在科学和技术层面不会像现在这么发达，可能也享受不到现代社会的种种便利。但是，我可以保证，人类在灵性方面会有更大的进展，或至少比现在平衡得多。人类或许不会重蹈几万年来的痛苦，可以避开残忍的杀戮，而不会失去与环境和谐共存的本能。

遗憾的是，人类的发展后来朝着另一个方向前进，而成为以雄性为主、男性主导的社会。种种野蛮而霸道的竞争、占领、不公平、残忍、隔阂……这些，我想你都知道了。这种种破坏性的作为，就是人类整体所承接的“遗产”。

想不到的是，人类还要坚持自己才是宇宙独一无二的存在，好像相信有别的星球或文明是最危险的事。哪怕更高的文明有可能让人类减少对物质的依赖、不再受到能源稀缺的威胁，而提高生活的水平、让生活进步，也最好不要去讨论。

这种自以为是的心态，也会包装成理性务实的态度或保护主义。把这个狭窄的角度当作一切，既衍生了人类所重视的各种价值，也道尽了人类历史的发展。

05
人类的对立

任何观念，无论多完整、多合情合理，最多只是反映了某一个角度。

类似的话，我相信你大概都听过。然而，我想提醒你，这句话，其实反映了过去所有大圣人和伟大的思想家最重要的共同点。

我想再追加一点：任何观念，最多只是反映某一种对立。

追加的这句话，是什么意思？

我用这句话，是想表达——你我所拥有的任何观念，都是要透过比较和对照才得来的。当然，这种比较或对照，反映的其实就是一种对立。任何观念，可以说都只是自由的意识受到了身心的阻碍，在对比的相互摩擦之下才有的。

这种机制，也有人称为二元对立。然而，无论中文的“二元对立”或英文的duality都不容易理解，反而把一个本来很简单的观念给复杂化。因此，我也就得用“全部生命系列”一本又一本的作品来做解释。

让我再用电学的比喻多说一点：电压透过电路的摩擦和阻碍，带出种种光和热的现象，才有一般人认为有用的“功”。如果电路不带来阻碍和对立，让电压自由地流过去，那么电流自然趋近无限大，反而不会产生任何的功。

就像前面所谈的，如果一个人是完全自由，对任何东西都没有阻碍，自然没有对比、没有摩擦，也就产生不了一般人认为“有用”的“观念”。

《短路》

有时候，电路的摩擦和阻碍并不是不存在，而是突然变得很小，电流通过时也就冲过电路的阻碍，直接把电路烧过去，这样的现象被称为“短路”。我过去也借用“短路”来比喻无限大的意识自由通过个人的身心时，可能有的现象。

最有意思的是，人类或任何众生、非众生都是一样的；所谓的存有，也只是反映了一种暂时的阻碍。

任何人、任何东西、任何眼前好像有的点点滴滴，其实只是无限大的意识在自由流过去的过程中，在很短的时间里遇到了一点阻碍，并让它把注意暂时浓缩在这个带来阻碍的小角落。也因此产生一种东西叫作念头、叫作能量、叫作时—空、叫作动。

对整体，这些暂时的现象，包括所有的观念，其实没有一点代表性，更不用讲根本没有绝对的重要性；最多只是在主体和客体的两点之间，暂时设立起来的关系。

我才会讲，你如果要完全自由，首先要抛开或轻松地看穿所有的观念。你只是让观念来，让观念走，而选择不要再让任何观念带走。不让任何观念带走，你也可能发现——没有什么观念是真的，或需要特别说它是假的；观念本身或它的真假，对你再也没有什么代表性。

如果你的头脑还有一点阻碍、一点对立，你才可能有一种东西叫作观念。就像前面提到的，观念（和念头）本身是反映一种摩擦。没有这种摩擦，你反而自然发现连一个念头都没有。而且，你也懒得有。

你可能老早也发现，没有一个“事实”可以称为是真实。任何“事实”，无论你认为它有多么确定、多么当然，只要往下探讨，到最后就会发现所谓的“事实”不光只是反映某一个角度，而本身还带来一种阻碍，或是一种枷锁。

认定某一个“事实”，也就让你守住某一个逻辑、某一套剧本，而透过这套剧本，你的头脑才可以从中得到意义。然而，换一个人，有一套不同的逻辑，这个意义也就又跟着不同了[①]。

你再仔细观察周围，自然就会发现，人好像还可以分成所谓的“左派”或“右派”（每个群体都有自己的说法）。最有意思的是，就连对同一个“事实”和“发生”，不同倾向的人会得到完全不同的理解。这样一来，不同的派别要沟通，可以说是难上加难。就这样，社会只会愈来愈两极化，不同理念的群体几乎无法沟通，甚至还要造成族群的撕裂。

这个趋势，在全球各个角落都是一样的。

有了社交媒体的方便，这种两极化和撕裂几乎已经到了极端的地步。你仔细观察，即使只是一个普通人，眼前都有几百种新闻和信息来源可以选择。通信工具的方便，让你随时可以依照自己偏好的价值观来选择接受什么信息，而社交媒体甚至还透过复杂而不断改善的算法，顺着你的偏好和习惯，推送给你更多你会想看的消息。

---

① 你早晚会明白，任何观念其实没有一点重要性。最有意思的，反而是可以产生这些观念的主体，也就是你自己。这才是主要的关键，而值得你去探讨——是谁，有这个观念？这一点，就是我在“全部生命系列”想表达的。

这么发展下去的结果会是什么，你也已经知道了。

你本来就已经带着某种对立和阻碍，透过某种立场在看世界。你的立场，也只是反映了你所受的教育、家庭背景、所属的社会阶层、生存的利益基础。只不过，你已经相当受限的立场、对世界或对自己的看法，就这样又透过这种表面好像很丰富的选择，反而变得更狭窄。

在这个随时在发生的“选择→强化而且缩窄选择”的过程中，即使你平时并不张扬，认为别人都不知道你的属性和倾向。但光是透过你一再地选择接收或拒绝某些来源的消息，你其实已经被社交媒体的大数据算法归类成左派或右派、自由派或保守派。

如果你被归到自由派，也可能已经被进一步归入温和自由主义，或进步自由主义的类别。重点是，你自己根本不知道。同样地，如果你被归类为保守派，也可以再被进一步区分出不同的保守主义路线，而路线的丰富程度不会亚于对自由主义的分别。

这里只是用保守或自由的标签作为例子。但其实在生活的每个角落，你也可能随时在做类似的排比和区分，不断地为自己、为别人做各种归类。即使你不愿意被别人划入某一类，但是不知不觉中，你的行为其实就在活出那个类别的内涵。

想想，站在这一小段狭窄范围里的你，有什么资格说自己活出了自由？

你不光活成了一道阻碍，还为自己带来一个跨不过去的门槛。

06
多重诠释的历史

不光你个人的选择在不知不觉中，在这个世界造成更强的对立和偏差；你只要仔细观察也会发现，整个人类的历史，不过是某一个或某几个人透过个人的偏见，选择性地把一些经过当作是事实，来贯通他觉得合理的一套说法、一整个故事。而且，最好这个故事可以对后来的人类传递一些信息和道德的劝告。

在你熟悉的历史中，哪一个不是将胜利者称为贤能的帝王、而将失败的一方写成缺乏道德的角色？当然，这是难免的。毕竟胜利的一方才有机会写历史。这一点，无论东西方都是一样的。

当然，风向也可能会转变。后来的人可以重新诠释，新的诠释有时候反而变成潮流。举例来说，《三国志》正史的记载原本是以曹魏为正统，但在一千年后，明朝的罗贯中融合了在民间流传的各种故事写成《三国演义》，反过来把蜀汉作为正统。

这么说，我相信你也会明白，现在的流行文化（包括你）把曹操当作是一个充满野心的反派，而把诸葛亮当作是聪明、睿智又忠诚的英雄，更是取决于沿袭《三国演义》观点的各种游戏、漫画、动画、电视剧和电影。

如果罗贯中同情的是曹操，你现在的认知可能会完全相反。

这方面的例子，其实是说不完的。

只要我们观察，历史上所有战争的记录，也不可能不含着类似的偏见。最不可思议的是，就连每一场战争和冲突是怎么开始的，你只要去考证自然就会发现和主流历史所讲的可能完全不同，甚至还可能彻底颠倒。

西方的历史，同样也有所谓的主流版本。看起来再客观不过的成功、失败、正义、邪恶……的史实，同样是透过某个或某几个人武断地归纳出来的。前面提到的偏误，在人类历史的每一个角落都存在。刚产生的权力自然需要一波赞成它、支持它的观点，来证明自己存在的合理性。这个版本的历史也就需要提到前人的邪恶和腐败，才值得新的正义来推翻。当然，这些观点随时都可以改变，而改换成另一种诠释。没多久，大家自然也就忘记了原先的版本。

现在你回头想想比较熟悉的一些说法，包括西方历史谈的中古黑暗时期、文艺复兴、科学革命、启蒙运动、工业革命、清教徒怎么在北美建国树立了勤奋进取而人人有机会的美国精神、西方世界尤其美国似乎在走下坡……表面上，这似乎是共识。但是，这个共识是怎么来的？这些描述，当初又是从谁的眼光来判断的？

我也会建议你，面对一切，随时问自己同一个问题——这些说法，是从谁的角度来判断的？

我敢大胆地说，只要你选择一个重大的历史事件，透过现代信息流通的便利从多重角度去探讨、去衡量，你自然会发现，你过去从正史所得到的印象即使还称不上是不正确，但至少不足以全面地代表事实。

光是具有标志性、不应该有争议的重大历史事件，你都会发现是如此；你再去探索一些比较小的事件，也就是比较无关紧要又没有什么好操弄的发生，都可能会得出完全相反的诠释。甚至，你再继续追下去，还可能发现另一方的根据和你过去所认为的事实，似乎一样有说服力，并且可能更完整、更丰富，让你不得不认同它的立场。

这个年代，信息的透明度相当高。只要有合适的工具和判断能力，没有哪个机密不能被挖掘出来。你再进一步追下去也自然发现，生活的方方面面都是如此。你过去没有一点质疑、不觉得有辩论空间的，无论是医学、法律、教育、社会、文化……没有哪个领域不会被掀开来。

你可能突然发现，这一生被教育的，全部都只是站在某一个立场得出的观念。现在，你才明白，好像确实有另一个不同的现实存在，甚至不只是一个、两个，而是多重的现实。这一切，都可能。

你只要进一步追查信息自然就会发现，这种善恶的判断其实不是绝对正确的。你很快就会反问自己：要你做出判断的根据是对的吗？这些根据有全面的可靠性或准确度吗？

你心里会愈来愈明白，每件事、每个发生都同时有好几个面向。包括你曾经听说过的近代战争，你只要回头去翻找文献，最后都会发现，事实跟当时宣称的开战理由并不符合。不光不符合，还可能又是刚好相反。

你再追查下去，就会发现到最后还是各讲各的。你也不敢确定究竟什么是对、什么是错，最多只是纳闷当初自己怎么会那么肯定某个说法。你心里有数，知道自己是上当了。

其实，这种现象并不罕见，就好像人类集体被催眠了。当初身在其中的人，过几年后，再回头看，也可能会觉得自己很幼稚。但是，同一个人当时确实可能认为非这么做不可（比如非参战不可、非出兵不可、非把一个“坏”的势力拔除不可），而且还可能很得意，认为自己才是正义的一方。

但是，现在不同了。

这种对真相的追求，就是有这么大的作用，而可能对人类的冲突踩一个大的刹车。人类不会再把一个事情简化成好坏、善恶的两个极端。你对家人、身边的人，也能够不再用一种简化的标准来衡量。甚至，你还可能开始反省，过去批判其他人的标准是不是完全不正确。也许到最后，你会发现一切是自己误导自己，跟别人一样，还是没有离开过无明。

我会说，这种真相的挖掘，是现代人才有的特权。

毕竟，假如是几百年或几千年前，你这么做可能会被贴上精神异常、异教徒、亵渎神明、巫士或女巫的标签。不管是什么标签，总之都不是好事。你或许会被送上十字架或火堆上处决。当然，如果你有本事，也许可以躲起来，甚至透过一个秘密的社团，使用很隐秘的方式将这些知识传递下去。

不过，现在的情况不同了。这些另类的、非主流的、少数的观点都可以浮出来，并且可以让你找到、让你参考。

一般都说人类比动物聪明，但你也会发现这不见得是事实。动物如果吃饱了，至少不会再虐待自己的肚子。然而，人连这一点都不懂。吃饱了，还想着要吃更多。有得穿，还想要有更多的变化。明明已经用不完，还会想追加。欲望和贪婪，是永远不会停止的。

这些真相的追求，不光是可能让你个人对欲望无止境的索取踩一个刹车，你可能也会发现，人间没有哪一个理念是绝对的正确、绝对的权威。最多，只是一个相对的概念，只有短暂的意义。

讲到这里，其实我与“全部生命系列”也一直是从一个颠倒的角度，希望颠覆你我过去对意识层面的认知。

然而，我在这本《转折点》所谈的并不是意识层面的颠覆，而是这个现实层面的推翻。你我眼前的现实，它的基础已经不再稳固，而被突然撼动了。你会发现，不光历史的观点是浮动的，根本靠不住；甚至，你这一生能得到的观念，没有哪一个可以说有一点可靠性。

这种发现，从我的角度，可能会是你这一生可以得到的最大的恩典。

07

生存的失衡

你再继续追查，就会发现，过去所谓的“机密”，已不再是机密了。

就以生活中不可或缺的饮食为例，你自然会发现，现在的蔬菜和粮食尝起来好像总是味道不太够。我过去在许多场合分享“空的食物”的概念，说的也就是目前大部分的食物，虽然看起来像是食物，但让感官比较敏锐或体质敏感的人一吃，也就会马上察觉到好像缺了什么。不光农作物是如此，包括肉类，无论鸡肉、猪肉还是牛肉，也自然会让人感觉好像少了什么。

这一点，你可能也体会到了。

当然，你再进一步研究就会发现，是农耕的方法限制了农作物的营养成分积聚，尤其是矿物质严重缺乏。主流的农耕方式只守住钠、钾、磷三大元素，最多是再补充一些硫、镁、钙。这些普遍的做法，不光忽略了微量元素的重要性，也绑住了土壤中其他的元素。作物无法利用土壤里的养分，也让人类的营养跟着不均衡。

现代的畜牧业为了讲究效率、降低成本，要在最短时间和最小的空间提高家禽和家畜的产肉量，也会在饲料里添加可以快速增重的成分。

至于动物能否在健康的环境下成长，不会是产业关心的重点。你如果去研究饲料的成分，会很惊讶竟然有那么多的荷尔蒙和化学物质。这种饲养方式不光会对环境造成冲击，更会对人类健康带来很大的影响。

我之前会带着年轻的孩子亲手去种植食物。一方面是透过亲手种植，可以照顾环境的健康，从而带来饮食的健康；另一方面也是在照顾作物的过程中，可以培养孩子的爱心、耐心、有始有终的精神，也让孩子有成就感。当然，我也从这些年轻的孩子身上观察到一些变化。首先，他们更能够体会农耕的辛劳，自然会珍惜食物，而不轻易浪费。另外，用餐时会有感恩的心情。这种感恩的心情其实就是一种对食物、对自己的祝福。

许多朋友接触过饲养动物的现场，体会到动物的痛苦，也自然会改变自己的饮食习惯和对饮食的观感。很有意思的是，只要亲手种过地，你自然就能体会到人需要的其实不多。要填饱一个人的肚子，并不需要多少食物，更不需要占用多大的土地。只是一小块园圃，用爱心和耐心照顾，大地自然会回报你、喂养你。

更有意思的是，大地所回报的，不光是让你吃饱，而更像是用自然的生命能量为你充电。你和土地、阳光、空气、水以及其他生命直接互动，自然带给你一种支持、满足和快乐。

你不仅能从饮食体会到一种能量的满足和圆满，更会发现你好像离不开地球所支持、所包住的一种统一的意识。后来我也注意到，有些生态学家开始提倡永恒农业，也就是从照顾地球、照顾人类、分享多余的角度出发，运用自己多出来的时间、金钱和物资，建立和食物相关的一个小生态。这么做，一方面可以得到食物，另一方面也和环境建立和谐、友善的关系。

这种以整体为主的农业，除了反映整体的意识状态，更是真正能够再生的。不光是物质层面可以永续运作，环境的和谐与意识的友善自然彼此相互增长，并带来喜悦和满足。喜悦与满足，自然也会鼓励更多和谐与友善的作为。

整体的生命本来就是平衡的。可惜的是，人类的习惯和贪欲正好和这种平衡相反，反而会让地球不健康。因此，你我也只可能跟着一起不健康、不均衡。

不光是在饮食的层面，你再仔细观察人类只知道索取的习惯，以及对环境造成的冲击，自然会发现人类一样要跟着失衡。举例来说，为了经济效益在大面积土地上长期种植单一种作物，不光会因为单一作物偏重采用某种肥料、吸收某些养分而让地力失衡，导致单一作物的根系抓地能力有限，还会影响土壤的结构。从水土保持的角度来看，我的看法和奥地利博物学家绍伯格（Viktor Schauberger, 1885—1958）所强调的是一样的，也就是耕作应该要尽量多元化，甚至最好能模拟自然森林的组成来运作。

长期耕作单一作物的土地，一下雨，土壤就流失了。从土壤的肥力来看，不同作物消耗的养分不同，根系与土壤架构的微环境反而有助于更多元的微生物生态，是更有利于地力恢复的。

当然，这一点和现在惯行的耕作方式相比，似乎不够有“效率”。毕竟作物不整齐，投入同样的劳力所能收成的作物就少得多。然而，从作物、人、土地的关系来看，多元耕作有扎根比较深的果树、有抓地浅一点的禾本作物和蔬果，不同作物的根系抓地有深有浅，反而构成一个无论从微生物、化学组成、物理架构哪个方面来说都更稳定的土壤结构。

很可惜的是，我们为了追求效率，不光是让自己得不到完整的营养，更让原本丰富的植物和土壤生态失去平衡。面对丰富的大自然，我们用过度简化、单一、大规模密集的操作方式来使用它的每一种资源，而没有考虑到生态系统是多层面的组合。我们其实要照顾多层面的因素，关注对各层面的影响。

你看看近代历史的发展，就会明白人类在任何领域的发展轨迹都很相似：人类一般认定的成功，也就是紧紧守住一个小范围，将这个单一的小范围发扬光大，成为主流。农业和畜牧业的单一密集种植和养殖是如此，所谓高科技的发展也是一样。

举例来说，大规模而单一地采用某种电磁波的技术或利用某种带宽，自然会突显它的影响，特别是对环境和健康的冲击。假如你体质敏感，你或许会惊讶别人怎么感觉不到这些电磁波的作用。然而，你只要去查，就会找到早就有数不完的文献谈到电磁波对身体的影响。你也会纳闷，为什么平常看不到这方面的报道？

是啊，这方面的真相是追求不完的。面对过去你曾经接受的“正统”说法，你自然会开始想：这些话是站在谁的角度在讲？是不是完整？有没有别的声音？难道真的没有不同的说法吗？

你只要开始观察，不知不觉，你认知的基础也就开始动摇了。

就算不谈饮食、环境和其他层面的失衡，就连可以代表现代社会最大突破的信息便利，从某个角度也是带来威胁。快速的步调，让人好像随时都能接收，也能响应，同时也让网络成为人类有史以来最大规模的知识库，无论什么领域、什么学问、什么知识，只要有心去找，都可以找到。

但是，假如一不小心，这种追寻是追寻不完的，自然就会成为一个陷阱，让你好像落入一个无底洞。大量的信息，在某一个层面也可能给你带来负担。假如你讲究学习，自然会发现总是学不完。甚至，你愈钻研，还让视野变得更窄。如果你不想把自己限制在一个角落、想成为样样精通的专家，你会发现这根本是达不到的理想。现代的知识太丰富，你永远会觉得自己还少了什么，反而随时对自己感到不满。

这大概就是你的现况，也可能是大多数人的状态。

所以，很重要的是，你的心里要很清楚，不要把一个本来是带来方便的信息的工具，变成唯一的终点、唯一的目标。如果你不够清楚，那么，这种本来可以带你找到解答的便利，反过来也能够成为你的束缚。

08
自以为有的解答

这方面的探索，就像前面说的，是谈不完的。我在这里，还可以再给你一两个例子，让你有一个切入点。

想一想，人类目前的发电方式，采用的不是燃烧就是爆炸的原理。和用火去烧东西是类似的，是将既有的架构解散，带来相当大的摩擦，并产生极高的热能。释放出来的热能其实大多浪费掉了，而过程中产生的硫酸、硝酸、一氧化碳、放射性废料等，也对周遭环境带来许多冲击。

以燃烧为基础的方式，效益是很有限的。一般人在家里直接拿柴烧，能源转换效率大概是10%。大家心目中效能最高的核能发电厂的转换效率大约33%—37%，和火力发电相当，比较现代的机组或许可以达到45%。然而，这些方式都避不开对环境的影响。我们从空气、水质、土壤和生态的变化，都可以体会到人类活动不仅耗用能源，还要付出其他的代价。

持平来看，现在全世界从沙漠到极地都能容纳人类的活动，让大多数人能享有一定的生活条件、进一步做各种理念的交流，其实也是靠能源所带来的方便和各种技术的普及而达到的。如果不是在这个过程中不断地提升能源使用的效率，人类社会的贫富差距可能更大，还要谈什么不同阶层的平等？

当然，你可能会想，为什么不采用太阳能或风力发电？这些能源免费、没有污染，理论上也可以达到高转换效率。不过，你只要再多探讨一些，就会发现采用这种方式一方面要承受发电效率不稳定的风险，另一方面如果将制造设备所耗用的资源和对环境造成的冲击纳入考虑，也并不像表面看上去那么“干净”。

连大家赞扬的绿色可再生能源都不见得环保，仔细探究也不能算是真正的再生。采用生质能源，需要大量培养单一作物来燃烧或做发酵等后续处理。虽然只要继续种植，就有取之不尽的原料，但免不了会排挤粮食的种植空间，也可能造成新的生态失衡。

前面也提到，将草叶或木柴直接拿来燃烧的能源效率相当低，而且产生的二氧化碳排放更是远远超过煤炭和其他石化能源。然而，欧洲和北美有些地区和企业为了博取绿能经济的好名声，透过政策补贴让电厂采用生长期比较短的林木或杂木来燃烧发电。这种不可思议的浪费在各种理念的鼓吹下，在所谓的先进国家愈来愈普遍。你可以想象，广泛而长期采用这类低转换率的能源，人类所面临的能源问题只会更严重。

你从各种角度去探讨，从各层面的文献去看，所得出的结论可能会和你目前从大众传播得到的印象不见得符合。举例来说，尽管有各种政策补贴、许多单位也以自己是绿能企业自豪，但目前太阳能、风能和生质能源的发电量其实不到全球能源消耗的3%。

坦白说，爱惜生命和环境当然是正确的。人类要在地球永续生存，不仅需要采用“绿色能源”或“绿色经济”，也有人主张开发“蓝色能源”，也就是运用大海潮汐或海浪的动能。然而，这些技术都还有许多难题要克服。

如果是单纯为了理念正确而大量采用低效率的能源，不光效率和产能替代不了目前的传统能源，甚至在粮食、生态和其他层面会伤害更深的平衡。有些技术不见得已经足够成熟到可以作为一种全球性的替代方案。这一点，其实是有待商榷的。

你也许已经逐渐体会到，人类目前想得到的解决方案不见得是唯一的解答。也许，就连问题的本质都不见得是原本大家所认为的样子。

其实，这就是我认为全人类都要经过的转折点。假如就连这些基本的事实、你所知道、学到的说法都不完全正确，你自然会想：那么这个世界还有什么靠得住的?

到这里就是一个最好的机会，让你去想是不是有别的可能，或许就可以让你进入生命更深层面的探讨。

09

大一点的层面

当然，追求绿色或蓝色能源的趋势，也反映了人类正在反省——认为人类已经造成太大的破坏，而现在的我们必须为地球和人类的永续生存寻找一个替代的方案。

这方面的理念，一般都把重点集中在人类的活动，透过各种数据主张人类的活动和气候环境有很大的关系，而希望降低人类排放的各种污染物的量。任何人听了他们生动而充满善意的倡导，也自然会觉得这方面的努力是相当合理的。

不过，你只要再进一步去探讨，可能就会发现自己竟然进入了另一个和宣传完全不同的世界。你会看到许多出色的科学家抱着不一样的主张。他们从天文物理和地球物理的角度指出，这些环境的变化确实是有的，但这些变化还有一个更大的影响因子可以解释。对他们而言，地球所经历的自然周期更重要，光是人类的作为不见得能解释气候的变化。

我在前面也提过，太阳的活动是有周期性的。太阳有几年的周期，例如 11 年、22 年，也有百年等级的周期，甚至还有上千、上万年的周期。

这些周期都是很客观[①]的，有些反映太阳本身的活动，像是亮度、辐射、磁暴、黑子数量、磁场转换；有些反映的则是太阳和其他星球相对位置的变化。

太阳的活动对人类当然有影响。你想想，我们每天有晴、有阴、有雨，有季节的变化，反映的正是太阳和地球的互动。日食发生时（从地球来看，月亮挡住了太阳），如果你在户外也会有很明显的感受。天或许还算亮，但阳光好像变得稀薄，就连气温都在一瞬间下降了几度。即使只从五官可以体会的有限范围来看，你也会同意不应该忽略太阳和其他星球周期对人类的影响力，至少不应该当它不存在，而只强调人类的活动。

太阳是人类最明亮的热源，是难以忽视的存在。以前的人没有先进的设备直接观察太阳，但是偶尔可以在有浓雾的条件下观察到太阳表面的黑点。早在战国时期就有过这样的观测记录。

太阳表面的黑点，也就是现在大家知道的太阳黑子。你可能会和早期的科学家一样，以为黑点是太阳比较“安静”的地方。但其实刚好相反，太阳黑子反映的是很剧烈的太阳电磁活动，是磁性强到影响太阳表面的热对流才让局部温度（3000—4500 K）比周围低一些，从视觉上来看正好是一个黑点。

太阳黑子的出现并不是偶然，而是有周期性的，连位置的变化都是有迹可循的。科学家到近代才明白，太阳黑子活跃的期间，同时会有各种规模的太阳闪焰（sun flare）发生，如果这样的太阳闪焰刚好正对着地球冲击过来，甚至会影响到地球的磁场。

1859 年在天文史上有一个“卡林顿事件”，一位很严谨的天文学家

---

① 在学问的领域里，和人的诠释相比，数据好像比较客观。但是，我相信你应该现在已经知道了，从唯识的角度来看，没有什么东西是真正的客观。所有的客观，都是来自主观的意识。

卡林顿（Richard Carrington, 1826—1875）在自己家里进行每天固定的观察太阳黑子工作时，突然看到一个又快、又大的闪光，是他从来没有看过、文献记录也没有过的。他连忙向附近的天文台确认，发现就在他观察到大闪光现象的同时，也有磁暴的现象。地磁记录突然出现很大的变化。

他所观察到的大闪光，也就是后来科学家所称的太阳闪焰，和太阳黑子一样，都反映了太阳正在剧烈的活动。这一次的太阳闪焰，不光引发了磁暴，更让地球很大范围的大气层充满了带电粒子和磁性而产生了极光。欧洲和美洲（包括古巴这样的低纬度地区）的人都注意到了壮观的极光。

不过，闪焰和磁暴不只带来美丽的极光。当时的科学家开始注意到电磁的奥妙，而一般人也开始用电报交流。19 世纪的世界靠电报进行商业交易、取得信息，一般人也用电报和远方的亲人联系，就像我们现在完全依赖网络一样。

卡林顿观察到的太阳闪焰，只是其中“光”的部分。日冕物质抛射（coronal mass ejections），也就是随着太阳闪焰一起喷发出来的高能量粒子在大约一天后才抵达地球，影响全世界的电波，所产生的电流更让电报系统短路。当时有些电报设备采用特殊材质的纸张来接收电流信号，这些易燃的纸甚至因为电流过高而引起火灾。

这种现象其实并不罕见。最近日本京都大学天文学系的科学家，观测到一个距离地球只有 16 光年的红矮星发出 12 个闪焰。闪焰是恒星常见的现象，而且强度可以非常大。例如，这次观察到的红矮星闪焰，最大的一个就比一般的太阳闪焰高出 20 倍。和各种恒星闪焰相比，卡林顿事件只是刚好在太阳上发生，又刚好是冲着地球的方向来的一个。在人类刚踏进电气的时代、通信正开始发达时，就带来了极大的震撼。

当然，太阳不是到卡林顿记录时才开始有剧烈的活动。只是在那之前地球没有那么多电气的设备，人类根本不会意识到这方面的影响。

和 1859 年相比，接下来的一百多年，太阳相对“安静”许多，地球的磁场也愈来愈弱。地球的磁场，也受到太阳磁场的感应。可以说，太阳的活动随时都在影响地球的磁场。

地球的磁场有一种保护的作用，可以减轻太阳闪焰、日冕物质抛射和宇宙辐射对地球的冲击。想想，如果今天再发生一次卡林顿事件等级的太阳闪焰，布满了电磁设备的地球可能就要“烧焦”而引发大规模的断电和断讯。太阳闪焰在 19 世纪就带来那么强烈的效果，更何况是现在。

如果你还记得，在 2003 年万圣节前后，又有一次强烈太阳闪焰引发的磁暴。后来估计，这个磁暴的威力大约只有 1859 年卡林顿事件的 1/5。然而，那一次，美国航天总署超过 1/3 的人造卫星受到损害。有些发电厂也受到影响，导致了大规模的停电。航空公司为了避开受影响最严重的北极圈航线，修改飞行的路线和高度，光是额外消耗的燃料就非常可观。

不只如此，所有天体和地球的互动，包括月亮和其他行星的相对位置对地球带来的影响，当然也有大小不等的周期。这些排列和相对位置影响到的社会和人类现象，一样有模式可循。

举例来说，因为距离地球够近，月亮带来的重力就可以引发每天的涨潮和退潮。月亮在农历初一和十五的位置，更是带来最大的潮差，也就是一般人所说的大潮。潮差带来的海洋流动，对海中的生命有关键的影响。对沿海的居民，这方面的信息更是相当重要。

此外，从民间的传说和文学作品，你可以知道西方文化相当重视月亮周期的影响，也认为月相会影响人类的行为。除了月圆会诱发狼人现身的传说之外，英文也用 lunatic 和 moony 这两个和月亮相关的字来形容一个人相当情绪化，甚至到疯癫的地步。

中国人虽然没有特别谈到月相和行为的关系，但是看看有那么多古诗词是借着月亮来抒发感情，像是“举杯邀明月，对影成三人”“人有悲欢离合，月有阴晴圆缺，此事古难全”，多少也反映了月亮是如何引发诗人心情和灵感的波动，而这是许多人都有所感应的。

到这里，你还会觉得人类的活动是唯一重要的影响吗？

《时间的陷阱》

10

都是相通的

到这里，我相信你可以明白太阳活动对地球，尤其是地球的上空造成的影响。然而，你大概不会想到天上的变化要怎么和大地联结起来。

其实大地和天空的互动有一个机制，是你本来就知道的，只是你没有联想到一起。你一定看过打雷，但你可能以为这个雷是从天上打下来，而没想到雷其实是被大地给“抓”下来的。你也知道电气设备需要接地，借用大地收纳电子的能力，让电荷不会累积在设备或线路而带来危险。同样的道理，打雷的现象，其实是大地捕捉电荷，而把云里的电荷给吸引下来而有的。我们平时看到的极光，也是类似的放电过程。

更有意思的是，大地震前也常有类似极光的现象，科学家称为“地震光”。你如果知道有这种现象，也自然会好奇：这样的光是怎么来的？又和地震有什么关系？

你怎么也没想到，这和大气层有关。当然，你知道有大气层，但你可能觉得那只是被地球重力“困住”的一层空气，和你平时呼吸的空气没有两样。然而，大气层其实有趣多了。随着高度愈来愈高、离地球愈来愈远，地球重力快要“绑不住”这些物质，大气层会变得稀薄。到了离地球表面5万米左右，外来的辐射，包括太阳光中高能量的射线都可以将气体游离成带电的粒子，也就是所谓的电浆。这种被“电浆化”的大气，又叫作大气电离层。

大气电离层就像一层充满带电粒子的雾把地球包起来。这些带电粒子对电场和磁场的变化很敏感。在大地震发生前几天，电离层的电子浓度会大量减少。而这些现象，常常会和地震光一起出现。

对这个现象，专家有各种解释。其中之一是从物理的压电效应（piezoelectric effect）切入。压电效应是指：对固体（例如一块水晶）施加压力竟然可以让这块固体产生电荷，而进一步引发周围电磁的变化。

在这个例子中可以这样解释：地震前，地壳的挤压或微小振动，造成的压力引发地电场及地磁场的变化。这个电磁场变化，又会进一步感应大气及电离层中带电粒子而引起异常。不过，这好像没有解释地壳的挤压和振动的能量是从哪里来的。

当然，你会想：地心本来就很热，就是这些热在加热地幔，让岩浆随时可能会喷发出来，造成火山爆发和地震。是啊，这就是大多数人从小学到的。不过，地心的热是哪里来的？这个问题却很少人去探讨。

地心的性质，对人类来说其实是一个谜。毕竟，谁到过那么深的地方？有少数科学家透过地震波的数据猜测：不光大气的电离层是电浆，地心也可能充满了电浆。他们认为可能是密度很高的电浆。当然，是不是如此，也没有人知道。但如果地心是电浆组成的，那么它透过电磁场可以和太阳相互感应，而得到能量。甚至，这种联结还可能转化成一种机械力，从而造成地震。

前面提到压电效应，反过来说，也有一种反压电效应（reverse piezoelectric effect）。反压电效应是对一个固体（例如水晶、石英）施加电荷，可以让它膨胀而产生压力。如果你用这个来解释地震，似乎也说得通，只是顺序和前面颠倒：环境先产生了电荷的变化，而地心的电浆接收到暴增的电荷，转移到地壳而产生压力，造成形变，再透过地壳运动来释放能量，从而带来了地震和火山的活动。

有科学家从全球性的数据库去分析地震和大气电离层变化的关系，发现地震和由太阳风带给电离层的质子浓度呈正相关。对他们而言，这个正相关，可能就代表了确实是太阳的活动引发了地震。

把太阳的作用考虑进来，你可以这么解释：从太阳闪焰对着地球抛射出来的能量和质子，让正对着太阳的大气电离层充满了能量。电离层受到太阳影响而产生的电荷变化，透过地心电浆场的反压电效应转成地壳板块运动的能量，沿着断层线从地球的另一端释放出压力。压力沿着断层线释放出来，产生地壳错动，也就造成了地震。如果断层线没有办法从别的地方释放压力，可能会在压力累积的局部用火山爆发的方式释放出来。

当然，这些都是一种解释、一种说法，而且是很难用实验去验证的说法。但我相信你只要愿意去思考，就会发现有些解释很有意思，好像把许多现象都串起来了，都说得通了。甚至，你从这个新的角度去想，会发现很多你认为理所当然的知识，像是地心的组成、极光现象、地球的演化、生命的历史，或许会有完全不同的解释。

前面提到太阳的活动随时都在影响地球的磁场，而太阳和地球就像是共生存的整体。也可以说，地球的生态早已适应了太阳的活动，只要太阳的活动稳定，足够的太阳风（从太阳发散出来的辐射）反而可以保护地球免于更高能量的宇宙辐射。

从这里，你可以想到，如果太阳活动太强会对地球造成影响，那么当太阳活动变弱时，在地球的我们也不可能毫无感应。过去只是因为人类观测太阳的时间不长，累积的数据有限，所以科学界还没有注意到这个效应，是最近才开始有所体会的。

太阳作用弱化，可以带给地球的保护层也就变弱，从而让更强烈的宇宙辐射大量地冲击地球。来自太阳系之外的宇宙辐射含着高能量的粒子，同样有足以引发大气层离子化的作用，让大气电离层活跃起来。它的作用甚至比太阳闪焰或日冕物质抛射还大。

如果你去查太阳周期的数据，大概会发现我们可能正在一个太阳作用的低点。透过前面的讨论，或许你会突然发现不光是火山和地震的发生得到了解释，就连近期天气极端的不稳定，包括雷电特别多的现象也得到了说明。你可能已经留意到天上的闪电不太一样，并不是指向地面的蓝白色电光，而是带着各种颜色的横式闪电，像是橘色、紫红色。就好像大气层充满了带能量的离子，它本身随时在产生摩擦、随时在放电。

确实，太阳和地球的关系，比我们原本所知道的要紧密得多。

《神圣的你》

不光是太阳的活动在影响地球，我们不要忘记，地球本身的磁场也在转变。这种磁场的变化，并不是所谓的磁极反转。磁极反转是更大的事件，是百万年等级的变化。一直有人认为地磁的反转（也就是极端的地磁偏移）和地球上的几次物种大灭绝有关。这一点，至少可以算是大多数科学家的共识。

不过，这样的事件会多久来一次，什么时候发生？这是大家还不清楚的。也有人提出地球正要经历大规模的磁极反转，也许就在我们这一生。你可以想象，这种规模的反转，可能会和前面提到的磁暴有类似的现象。到时候我们或许会经历大规模的“断电磁”，即使电厂还能运作，但所有的电磁信号都会失效，许多种交通方式都无法正常运行。

我在这里谈的磁场变化，则是比较小的范围，大概是万年等级的周期变化。一般会称为磁极偏移，也就是磁极正在移动。地磁的北极本来在加拿大北部，一直向西北方移动，不到20年，已经偏移到接近西伯利亚。偏移速度之所以加快，多少也是因为地球磁场正在变弱的缘故。

这些现象，我相信你只要去留意，都知道这一点都不是“另类”的知识，而就是正统的科学在探讨的主题。或许你应该惊讶的是，为什么我们平时都不会去想这么明显的事实，而要把一些很片段的说法当作是流行、是真相去追求？

11

不是只有一个角度

谈太阳的周期，最主要是想提醒我们在面对人类共同的问题时，不要忽略这么明显又重要的影响。

我们要知道太阳的活动，可以参考太阳黑子的记录。如果一段时间都没有观察到太阳黑子，也就代表了太阳内部的电磁活动比较弱。前面提到太阳活动剧烈时会带来磁暴，那么，如果太阳的活动减弱呢？

就像我在前一章提到的，如果太阳活性减弱或地球磁场衰退，来自太空强烈的宇宙辐射也就更容易进入地球，而可能在我们所生活的地球引发一连串的事件。我在前面已经提到了地震、火山和闪电。在这里，我想就大家都关切的气候再多谈一些。

被宇宙辐射激发的地球大气层，处处都有离子化的微细粒子在凝结水气。云层会变厚，也充满了过载的能量。这种条件下，整个地球的大气层变得很“热闹”。频繁的闪电、雷雨，异常的低气压、气旋、冰雹、暴雨自然在世界各地造成百年甚至千年没有过的雨量，而变成水灾，但某些区域又会异常的干燥。龙卷风也可能开始得比较早，而频率和严重性都是大家过去想象不到的。

很有意思的是，在人类近代的记录中，太阳黑子数量最少的时段，跟已知的小冰河期最冷的一段时间是吻合的。太阳的活动虽然降了下来，但地震、火山活动都会因为宇宙辐射增强而增加，所排放出来的火山灰还可能阻挡阳光的照射，而进一步强化冷却的效应。

这段时间有多冷，我接下来会再说明。

这种不安定还不只在地球物理的层面，其实宇宙辐射也会冲击人类的健康和情绪。最明显的例子，就是离开了地球磁场保护的航天员。你可以看看有多少科学报告谈到宇宙辐射对航天员的影响，尤其是对中枢神经系统和免疫系统的伤害。

常有朋友问我，《圣经》谈的大洪水和连年的旱灾是不是真的发生过。对我而言，这一点并不需要怀疑。地球随时都是洪水和干旱交替，每一种文化都有类似的记录，这不是少数人可以捏造的。

前面提过的火山活动、地震、大范围的水灾或旱灾、不正常的冰雹和霜害，再加上日照可能缩短，也就把适合耕作的面积变小、时间变短，这不可能不影响到农作物的收成，还会进一步影响畜牧业的运作。这种时候，不光肉类会供给不足，连最基本的粮食需求可能也应付不了。

你从这个角度来看，也就能透过宇宙的转变发现，一个接一个的大大小小的发生好像构成了一个完美的超级风暴，要来横扫人类的文明，来验收人类的意识状态是不是足够成熟、社会架构是不是足够健全而可以通过周期变化的考验。

假如你能够体会到这一点，在这种星球等级的变化相较之下，你自然会发现人与人之间的冲突和烦恼真是渺小得不成比例。或许，你也会同意，是可以将眼前的困难和烦恼摆到一边，试着从更高的层面、用框架之外的角度去解决。

——

几十年来，你从学校、从大众传播得到的印象应该都是地球正在往暖化的方向走。但是，年长一些的朋友或许还记得，人类在 20 世纪 70 年代所担心的反而是地球正在冷却，主要的科学期刊都在预测小冰河期什么时候会发生。

这些同样有科学证据来支持的顾虑，竟然不知不觉从大家的注意消失，到现在可以说只剩下单一的观点。最奇特的是，一直有文献提出不同的结论，然而这些证据和说法几乎不会出现在主流媒体上，当然也就不会引起你的注意。

这一次，无论从 11 年周期还是更长的几百年周期来看，人类可能遇上了一个太阳活动的低点。当然，我们现在是不是正在进入这种变化，可能还值得去探讨。综合各种影响力，结果究竟是暖化还是冷却、这些变化是几年内还是几百年内发生，到现在没有人可以确定。

西方历史的专家，都知道三千多年前地中海青铜时期古文明消失的例子。公元前 15—前 13 世纪还很繁荣的文明，不到两三百年只剩下破败的宫殿和荒废的城市。那时发生了什么事？

根据各种记录，历史学家发现当时气温升高、降雨减少，已经进入农业生活的地中海人受到歉收和饥荒的影响，再加上地震和瘟疫，群体容易动乱，也成为外来入侵的目标。后来历史学家称这段时间是希腊的黑暗时期。接下来的地中海，有人烟的地点变得更少，聚落规模也变小。可以说，这是人类历史上一次文明的大灭绝。

三千多年前的地球，那时候人类能耗用的资源和现在完全不成比例。即使如此，也不能免于气候异常带来的考验。从这一点，我相信你会明白，要探讨气候的变化、我们即将面对的生存挑战，如果只强调人类活动的影响，反而可能会让我们错过重点。

当然，这么说，并不是否认人类活动造成的冲击，也不是否定地球暖化可能造成的危机。但是，我始终认为，比起暖化，人类可能更需要担心冷却的后果。因此，我建议你多了解、多看，而不是立即接受目前主流的观点。

毕竟地球如果变冷，对我们的生存带来的伤害可能更大。你只要查一下因为气温过低而死亡的人数和因为气温过高而死亡的人数，或许就会明白人类对低温的适应能力是相对有限的。你再去回顾人类近几千年的历史，也就会发现，一些大的动荡，也刚好都赶上地球冷却的时间。就像前面提过的，地球偏冷或者出现极端气候的时期，好像都遇上了太阳活动偏低的时刻。

前面提到的小冰河期，是在17世纪下半叶。当时无论欧洲还是亚洲，从一般人的记录到官方的文书都在谈下雪太久、河水结冰期很长。一个实例，就是伦敦泰晤士河的冰上市集，伦敦市民在结成厚冰的河面上聚集、看杂耍、欣赏表演。

但这只是欢乐的一面；另一方面，夏天太凉，即使农民努力耕种也得不到好的收成。收成下降，自然让人想去扩展可以耕种的范围，而受到挤压的群体也自然要反抗，长时间的动乱是难以避免的。如果你去看17世纪的人类历史，那是充满了战乱的时代。欧洲战争不断，东方也有长期的动乱，而无论东方还是西方都有瘟疫大流行的记录。

你看看人类历史的轨迹，就会发现地球变冷和变暖是交替发生的，新的变化经过一段时间就会浮出来。你再进一步去查资料，就会找到太阳活动低点都有火山活动、地震、过度降雨、异常的水灾或冰雹。

人类遇到气候冷化不止一次。1814年，伦敦泰晤士河的冰上市集再度开幕了。和一百多年前相比，市集更丰富也更热闹，怕冷的市民还可以买热巧克力和其他热食来御寒。

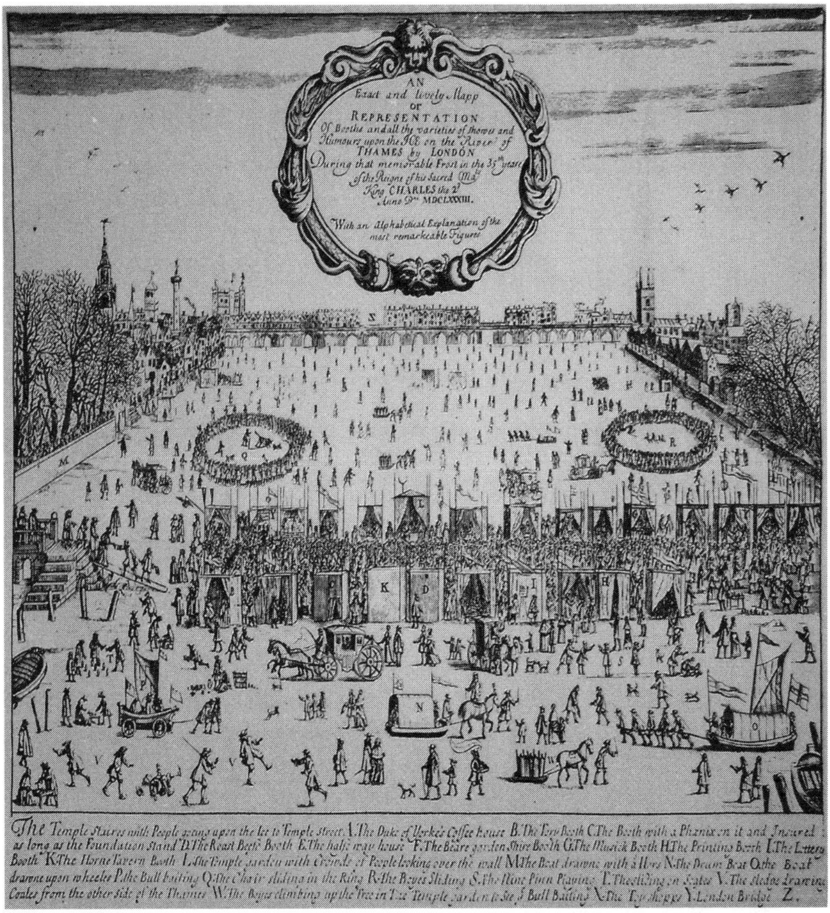

1683 年伦敦泰晤士河的冰上市集全景

伦敦 1814 年泰晤士河的冰上市集一景（卢克·克莱内尔 Luke Clennell 绘）

接下来的1816年更冷，是历史上有名的“没有夏天的一年”。当时刚好也在太阳活动的低点，主要是前两三年东南亚和中美洲的火山爆发，过量的火山灰在大气层大规模地扩散，阻挡了日照，导致全球温度下降。从加拿大、北美、欧洲到中国，都有极度低温、夏天大风雪、河水结冰的记录。欧洲那时还没从拿破仑战争中恢复过来，紧接着就陷入歉收和粮荒的困境。有些地区还出现伤寒的流行。

无论东方还是西方，气候异常都会导致作物歉收、粮食不足，如果同时又出现瘟疫，也就容易让人心不安定、社会动乱。资源变少，许多原本可以运作的制度失灵，就可能造成社会架构很大的变更。说这是大自然为人类带来的考验和挑战，并不为过。

至于工业革命后人类活动的影响在整体究竟占多少比重，其实很难评估。全球的都市化程度愈来愈高，人口密集的都市充满了人工建物、没有足够的植物和水的缓冲，确实愈来愈热，就好像是地球上的“热岛”。但是，只要从常识出发，至少你就不会再忽略星球层面的影响。

如果你愿意把各种证据摆在一起看，自然也就心里有数：气候的变化到底是往暖化还是冷却走，不见得像有些朋友所认为的已经有了明确的结论。

我并不是要强调哪一种说法才对，毕竟，没有看到结果之前，谁知道？但是我希望用这个实例提醒——想要解决问题，要先跳出现有的框架，不要只是对主流的说法和解答照单全收。一个乍看很公正的论点、一套多数人认同的科学，你只要追查下去，就会发现到处都有疏漏，甚至连结论都可能不是正确的。

当然，你可能还是会质疑，而从你的经验指出你住的地方正在干旱或正有破纪录的高温，不见得像我所讲的需要去担心冷却。但是，也有人会指出，他所住的地方夏天过去从没有下过雪，而最近竟然下雪了，还落下拳头大的冰雹。对他而言，谈地球暖化才是不可思议。

针对这样的争辩，我最多也只能提醒，要谈全球暖化或冷化不能只拿一个局部的现象来判断。区域性的气候也许会因为海水的洋流或大气层的气流变化而有极端的冷或热，但是要判断全球性的气候变迁，还是应该采用全面的平均数字才对。不应该只集中在破纪录的热，而不关切破纪录的冷。反过来，也是一样的。

当掌握的证据不够全面时，主张暖化和冷化的一方都会认为自己有很具体的证据可以谈。暖化的一方，只要有哪个地方出现没有过的高温，包括靠近南美的南极洲的冰在融化、表面海水温度升高等，都会拿来证明地球正在暖化。但是，主张冷化的人也有他的证据，像是某些地方的海水温度突然降低；南极融冰的区域只是很小的一部分；南极内陆本来几乎是沙漠，只是因为温度很低，冰雪根本不会融化，但近年的雪量是更多而不是更少。然而，不管是哪一边所认为的证据，多纳入几个因素来解释之后，也可以拿来支持另一边的主张。

一直到 18 世纪末，人类才有足够多的太阳黑子观察记录，从而开始可以归纳太阳活动的周期变化。整个 20 世纪，算是太阳活动的高峰期。到现在，我们在第 24、25 个太阳周期之间，有愈来愈多的日子观察不到太阳黑子。太阳似乎要再一次进入活动极小期。从过去的记录来看，在这个时期常有极端的冷和极端的热，气候的变化程度是最大的。

在太阳活动的极小期，太阳风偏弱，对地球的保护会降低。地球的磁场本身也在衰退时，外来的宇宙辐射影响也就更大。一些异常的气候现象，像是大范围、长时间的暴雨，对支持气候暖化的人来说，那就是地球因为人类的活动而在暖化的证据，并不会想到这些异常气候可能和人类的活动无关，而更可能是地球磁场变弱，让过量的宇宙辐射进来，从而激发了大气层的结果。

很可惜的是，气候方面的讨论，在许多区域已经变成情绪化而不理性的争论。任何一方都强硬地坚持自己的立场，不愿意张开眼睛和耳朵去看、去听另一种观点。甚至，从同一套数据就可以得出完全不同的诠释。

比如说，这几年欧洲和北美的冬天特别长，雪季长、雪量也多，好些地方到春夏之交还在下雪，甚至雨量多到洪涝。这一点，对主张地球冷却的人来说，说明地球正在冷却。但是，对主张地球气候正在暖化的人来说，这只是地球暖化过程中的极端震荡。

你没看错，确实是同一组数据，但两派用自己的预设观点来看，还是可以得出完全相反的结论，从而继续坚守自己的观点。当然，你现在已经知道了，想要判断地球究竟是暖化还是冷化，应该要用更大规模的平均数字来评估，例如海水或陆地的平均温度。我相信，你只要自己去查，也会得出你自己的结论。

12
“客观”的说法

前几章，我相信和你过去所知道的主流观点很不一样。我也希望，这些探讨能多少刺激你打破既有的观念。

当然，可能你还抱着一种乐观的想法，或许还觉得：“不至于吧，现在媒体那么发达、教育那么普及，又有那么多受过专业训练的人，他们自然会主动去挖掘事实，到最后，总会找出最客观的真相的。”

但愿如此。

其实，你只要仔细观察各种消息和信息是怎么浮出来、怎么得到你和大多数人的注意，又是怎么从大家的注意中慢慢淡出，也就会发现其实没有什么叫作“客观”或“真相”。可以说，从信息的产生和传播，任何媒介（无论传统的传播方式还是现在逐渐兴起的新媒介），其实没有一个不可能不带着偏误。

对这一方面，当然，我没有一点批评的资格，批评不批评也不是我的原意。我要谈的是一种更基本的机制：任何信息被我们观察到时，不可能不带有偏误。

就连你认为再客观不过的科学或医学研究，也是一样的。任何科学家或医师在做实验前其实都要有一个假设，也就是先推测可能得到怎样的结果。当然，这种预测不会脱离他原本预设的理论。

你看，连实验都还没有开始做，偏误就已经存在了。

通常，大部分的实验可以说是一种反向工程，也就是要透过实验来证明或推翻理论。假如实验不符合科学家心中的假设，就该依照实验结果去修正或改善理论。但是，假如科学家自身的主观太强，认定他所提出的理论不可能有错，那么各种意外的实验结果反而可能会被他排除。就算万一怎么重复实验都无法符合他头脑预设的理论，他或许宁可重新设计实验或改变诠释的方式，也不想承认自己的理论可能出错。

这种现象，其实比你以为的普遍多了。

然而，这是难免的。一方面，想要证明自己对，这是人性；另一方面，如果不是先有一个主观的预期，也不会想透过实验去测试。

你并不需要去翻找科学史，来验证这个说法是不是正确。其实，你只要看看这个地球的文明，是怎么面对眼前种种生命、健康和公共卫生的挑战。从他们的应对方式，你马上会发现确实是如此。

只要你开始意识到这种偏差，观察到所谓的专家其实也在各说各的，甚至他选择的说法竟然是在为一个和专业无关的立场辩护，很自然地，你会不知道该相信谁。因为同一个事件，表面上只是一个“客观”而“单纯”的议题，你可能会从同一个领域的“专家”得到两种完全相反的解释。

当然，你可能还没有绝望。毕竟科学家本来就需要针对理论去做实验，难免落入自己的限制；所谓的“专家”也离不开利益的纠葛，可能也需要为自己的雇主说话。但是，应该只是客观记录事实、传播信息的记者和新闻媒体，又有什么好选边站的？很可惜的是，无论你在世界的哪一个角落，只要你愿意持平地去看，自然会看到不同的媒体可以把同一个事件报道成两种样子。然而，这种现象也只是反映目前社会的两极化已经强烈到了一个地步，让媒体不知不觉失去了中立的原则。

现在信息传播非常便利，也会让你随时体会到这一点。当然，这种便利和你个人的判断能力自然会促使你去找其他的、更多的信息来源。只是，不要忘记了，在这过程中，你也可能不知不觉反而更强力地守住了自己的立场，一样在强化你本来就有的偏差。

但是，从正向的角度来看，你可能也自然发现，好像自己再也不那么容易上当了。你不再像以前一样连想都不去想就全盘接受某个观点或说法。你曾经以为不可能动摇的真相，它的地基已经开始晃动了。

很有趣的是，你和朋友交流的时候，所谈的很可能已经自然偏向你逐渐发现的这些另类的解释和不同的结论。这种谈话焦点的移动，就好像这个观察和思考的经过，已经成为你日常生活的一部分。

甚至，你可能也留意到，透过各种智能装置和社交媒体带来的方便，你好像早就建立起一个自己的世界。在这个世界，你被经过自己过滤的各种说法和真相团团包围起来，让你觉得相当舒适，不会随时被矛盾和冲突影响心情。

更有意思的是，其实不只你一个人如此。这世界，可以说几乎所有人都是一样。表面上，我们还生活在同一个地球。但是，这同一个地球就好像挤满了彼此不互通的平行宇宙。地球上七十多亿人不再是分享同一个世界、做同一个梦、有同样的标准和期待，而是各有各的意见、各有各的说法、各自采用各自的消息来源。

这种分别与隔阂接下来只会变得更激烈，而不可能缓和下来。甚至，各种观点和看法的差异会大到一个没有回头路的极端，会让你发现没有一个价值是可靠的，从而让你面对各种消息和现象时自然会想多做一点研究，或至少多听、多看，而不要马上照单全收。

你过去还可以拥有一种天真的信仰，认为这个世界有一种东西叫作客观。现在你已经知道，就连一般认为最纯正、最没有立场的客观其实一点都不客观。

接下来，任何观点、任何说法、任何别人口中的事实，甚至你自己认为的事实，都要接受同样的挑战。

经历了这样的过程，你当然会变成一个非常不快乐的人。你大概很难有一个瞬间对所见、所听、所闻、所接触到的一切，感到发自内心的满足。你已经变得对样样都质疑，随时觉得自己被这人间的各种说法、观点甚至历史给骗了，而可能随时感到愤怒。

对你，人间样样都靠不住。你也会想建立你的同温层，只和观点相同的同伴交流，来强化自己的看法。

这种现象已经相当普遍，其实也正是你我的现状。

当然，你可能继续在这上头投入，更小心翼翼地加以区分，并认为这就是人生最重要的事。但是，你也可能已经是现在还相当少的少数，会发现继续做这方面的区分并没有多大的意义，只是让自己更不快乐、更恐惧、更不满足、更没有安全感。因此，你也可能从信息的追求跳出来，而选择将注意投入生命更深的层面。

早晚，这样的少数人会愈来愈多。

从我的角度，你如果能体会到人间的靠不住，发现没有什么是客观，能选择不在这个层面较真、不再把注意落在这一生的现实的层面，那么，可以说你已经让这一生重新起步，而且有机会全面地重新开始。

13

追求真相

到目前我所举的实例，严格讲，对整体并没有足够的代表性。会谈这些，也只是希望有一些具体的主题可以切入，让你可以体会到其中所含的认知层面的颠倒。

从一开始，我就不断地表达，人类的可能其实是无穷无尽。只是你、我、每一个人都被唯物的观念守住了，才会把无限大的潜能限制成眼前这一点点现实。

你大概没想到，如果只着重物质层面的发展，而没有道德和伦理作为基础，来节制每一个人贪、嗔、痴的习气，克制人性自然想独占一切、想要建立阶级分别的倾向，其实人类很容易就伤害环境、甚至消灭这个地球。

这一点，在任何文明都是如此。这在地球的历史上，也不是没有发生过。

物质层面的发展，本来可以帮助人类的成长，至少带来种种方便，让每一个人都能从眼前物质和生存的需求中喘口气，而转向心的层面。其实，只要你心胸打开，就会明白有数不完的文明想帮助人类跨越各种技术上的困难，解开生存层面的限制。关键最多也只是看人类是不是已经足够成熟。

因此，这本书所谈到的探讨，也就是这么关键。

无论如何，这些探讨反映了一个主要的趋势，就是对真相的追求。

你仔细看看，对真相的追求和挖掘，已经是全球每个角落共同的需要。过去或许还没有足够的工具和透明度，但现在这个时代已经有了网络、社交媒体及各种帮助思辨和评估的工具，只要你愿意全面地去探讨，自然会打破过去认知的限制。

最让人感到有希望的，是现在的年轻人。我在《奇迹》特别提到靛蓝小孩和水晶小孩的世代，他们的到来好像就是为了重新设定人类和地球的意识。这些年轻的孩子，正是在社交媒体带来的便利中长大的。我这个世代在成长过程中接触不到或根本想不到的各种可能，对他们而言完全不是如此，一个个真相与可能都会被他们挖掘出来。

我也在《唯识：新的意识科学》谈到人类要经历思考框架和典范彻底地转移或变更。但最让我感到安慰的是，就在这一代已经可以看到这样的转变。过去很少人知道的真相，已经一个接着一个被揭露出来并有可能成为主流的观念、成为整体理所当然的思考典范。

人类整体的意识，也就这样和下一代一起跟着提升了。

《转折点》这本书，其实也可以称为是“真相的追求”。虽然这里所谈的真相，还是这个相对世界所讲究的真相，严格讲还在物质的层面。无论多么细微，还是离不开物质。但是，你我对真相的这种追求，其实就像箭一样，早晚会穿透人间。

我会选择在这个时候来谈论唯识的真相，其实也和人心追求真相的需求有关。毕竟我不希望年轻的一代浪费他们的聪明，把注意力集中在从一个境界到另一个境界的改变，就这么把人生最宝贵的几十年耽误过去。

在我看来，任何发展，不管多伟大还是多神秘，带来的最多只是生活或物质层面的便利和突破，对整体其实是没有代表性的。这些发展，也还是要和你我灵性的成长同步。如果物质层面的发展不均衡，灵性的脚步配合不上，那么，迟早还是会透过破坏或毁灭，我们又要从零开始，再一次恢复平衡。

其实我在《真原医》里就想把这些观念带出来，但觉得时候还不到，也就把其中一部分删掉了。后来虽然也透过演讲或其他方式陆续转达出来，但并不算是真正公开。现在，我想时机是成熟了。

就在我们现在有的宇宙，已经有数不完的文明是在这种平衡的状态。这些文明，一直在等着地球的人类加入他们的行列，而不再带来破坏。

不光在太空是如此，就是在地球，假如你可以接受现在其实有数不完的众生或聪明正在和人类共生存，相信你也可以体会到人类整体的愤怒、不快乐、烦恼、霸道、占有欲已经对这些生命带来威胁和各种负面的影响。

坦白说，人类老早已经忘记了什么是平衡，并且还需要大规模的整顿，才可以重新开始。

对真相的追求，也就是我所谈的地球重新起步的第一步。这一步，也就是这次信息的自由流通所可以促进的。对任何议题，你只要想得到最终的答案，也自然发现都可以找到。但，这其实并不是最终的目的。

这种“找到”或“发现”，最多是动摇你的信念，而让你自然明白这一生所累积的知识、所学到的观念，全部最多只是一套信念。你所拥有的这套信念，别说在整体上没有意义，就是只看人间这点狭窄的范围，其实也没有什么代表性，而且甚至可能完全被你所发掘的真相给推翻。

但是，透过这种摇动所引发信念系统的崩溃，你也许就突然觉醒了。

当然，前面也提过，这种觉醒，还不是我在“全部生命系列”所谈的醒觉。这种觉醒，指的是你过去认为靠得住的架构受到了撼动。

14

有生质

人类，就像前面提到的，是站在一段很狭窄、很有限的范围里，想建立对自己、对世界、对宇宙、对一切的认识。

对生命的观念，也是如此。所谓的生命不生命，也只是从人类、从你我的角度在看。

举例来说，一般会认为材料、石头、灰尘是死的，是完全没有生命、没有反应的物质。但是，你只要仔细观察，也就会发现这种有没有生命、有没有意识、有没有聪明的分别，又只是透过人类很狭窄的定义而来的。

假如一个东西没有人类这种不断比较的二元对立的聪明，不像人类还可以把这种比较透过记忆储存、接下来再调出来跟现状继续比较，你自然会认为这个东西是没有意识、没有聪明甚至没有生命的。

因此，一块石头不符合这个条件，你会称它是死的，觉得它没有生命。如果一个东西会长、会不断生出来，像是一株草、一棵树、一朵花，你也会自然认为它有生命。但是你会判定它的聪明不够，不如动物。动物除了吃、喝、睡觉、排泄，还会动、会更激烈的反应、会跑、会躲、会咬、会打架。从你我的角度来说，这些反应比植物复杂多了。你也自然会认为这种生命更高等。

当然在这一群比较高等的范围中，最高等的是人类。你我自然会认定，人类是地球最高的生命。

我相信，你现在只要想，就会发现，这种定义其实很武断。是谁说愈是往分别的路前进，就代表愈聪明呢？这是谁决定的呢？

对我（或古人），是刚好相反。人类现在的聪明不光是过于狭窄，还锁住了自己，根本不会打开我们的潜能。

举例来说，人类现在的聪明，完全要透过形相才能表达，就连信息的 0 和 1 也还是形相，一样是在物质的层面。虽然光是守住这种物质的层面，就可以延伸出各种变化和选择。但是，这些选择就是像树枝的分叉，愈分愈细；你跟着走，其实根本回不到生命的根源。要走回根源，你要停止这样一再地分歧，才有机会。

你也可能没想到，生命（或说意识）和物质其实是有互动的。你一般可能体会到的是物质在影响意识。然而，这种体会，同样也只是站在一段很窄的范围在看。坦白讲，这种会受物质影响的意识，也只是你平常的注意。我们会以为这种注意就是全部，但它其实连全部意识的一小点都算不上。

很少人会想到，意识是一个高速的螺旋场。意识场（也可以说是一个无限大的信息场）要将转速慢下来，才会凝聚出物质。在某一种状态，或说很接近物质但还没有成形的状态，你还可以透过一些互动、用意识影响到它。其实，我们人的聪明或意识也离不开这种生物的材料。

很多年前，我把这样的物质称为“有生质（sentient matter）”。这些物质是处在一种不同的频率或螺旋场的范围；在原子的层面，和周期表现有元素的电子轨域或原子核的形状不同（至少电子组态是不同的），是人类目前的知识体系还框架不了的。

有生质带着一种没有阻碍的形状，从最小（甚至比量子更小）到最大的维度都没有受到阻碍，而自然变成一个量子谐振子（quantum harmonic oscillator）。这样的物质也可以跟人类的意识互动。我在多年前，就把这样的材料当作一种生物性的超导体，而这方面的知识也可以称为是未来的材料科学。

我过去也跟少数的朋友分享过，佛陀的舍利子可以说是一个物质含着高速螺旋场的实例。在许多年前，我发现它对生命触媒的作用有关键的影响，后来将这个原理转到微量元素的开发，也确实对生理反应和人的健康有关键的作用。

舍利子是佛教非常重视的圣物，是佛陀涅槃之后，肉身火化后留下的一粒粒芝麻大小的固体。肉身的每一个角落都成道、都和全部的意识完全接轨，才能得出舍利子。由于舍利子是经过火化的高温而产生，也可以说是一种含着氧的生物陶瓷材料。我过去常跟同事说，“真原医”其实是舍利子的科学，也在《奇迹》中分享过舍利子带给我的启发。

这些物质其实一直在等着人类发现，在未来也会变成一个主要的研究题目，而接下来会成为人类离不开的工具。现代所谓的机能性材料（functional material），其实已经往这个方向前进，只是这方面的发展还只能算是在婴儿期。

坦白说，未来的材料真不是现代人可以想象的，毕竟它不在现有的封闭架构里。

15

封闭的系统

我过去曾经和你一起探讨唯识与唯物的差别。两者的差异，远远大于我在这本书所谈的真相和真相之间的不同。那是逻辑、思考、感知框架彻底的转移。

你可以想象，倘若有一天，整个地球突然转成唯识，也就是完全接受意识为主、只有意识的观念，那么，可能每一种科技和作业都会受到影响，而这种影响会远远超越目前人类的想象。它所影响的，不光是远距传送这类技术上的突破，而甚至是点点滴滴渗透到更基本的科学原理，例如最基本的物理和化学。

你可能还记得热力学第一定律，也就是一个封闭系统所拥有的能量就这么多，不会变多、也不会减少；如果借用教科书的语言来表达，就是“能量守恒”定律。

对我而言，这个定律可以进一步诠释成——整个系统或体的“能量”加上“质量”的总和，永远都是守恒的。透过爱因斯坦的质能转换公式 $E=mc^2$，在热力学的世界里，这两种量是等价的。质能转换公式就像质量和能量之间的汇率，是一种转换的规则。透过这个规则，就可以把整个系统的能量与质量的总和固定下来。

至于热力学第二定律，也就是教科书上所说的“系统熵趋向最大”。这几个字，最多也只是在表达，一个系统的熵（或没有秩序的程度）会不断增加，直到不能再更乱、无法更没有秩序为止。

《短路》

你可能还记得《短路》中有一个在沙滩上堆城堡的比喻。无论你花多少时间去堆砌、有多精巧的技术、表达多么丰富的创意和美感，这个城堡到最后还是会崩塌，不再有任何结构，并变得和其他沙子没有两样。

你也可以换一个实例，例如，把一滴墨汁滴到一杯水里，即使你不去搅拌，透过液体布朗运动的自然扩散，墨汁和水分子之间的落差会降到最小，也就是达到均匀。如果把这个实例变成热量的交换，例如，把一颗比体温略高的小铁球放到一杯冷水，也只需要一小段时间，铁球的热会散失到周围，到最后，铁球的温度和周围的水温就会没有分别。

没错，这确实是你日复一日观察到的事实。对你而言，很难推翻。

有些人提出 negentropy（反乱度、负熵）的观念，也就是能够让散乱的能量反过来集中，构成一种稳定而不散乱的秩序。其实这并不是稀奇的现象，而是你我随时都在体会的。想想，你和我在这一生中，并没有随着时间变成一团分不出内外的分子糊，而还有细胞、组织、器官、系统的架构。这样的生命其实就含着负熵的观念，就好像有结构的组织反而更稳定，并不遵守“系统熵趋向最大”的原则。

热力学第二定律，本来是说有规律的任何东西经过时间都会耗散。但是，负熵的观念竟然会把秩序集中起来，而不让系统往散乱的方向走，就好像秩序反而才是最稳定的状态。

如果你站在和热力学第二定律同样的前提，也就是把生物的生命当作一个封闭的系统，自然会觉得负熵的观念说不通、很不合理。然而，如果你从开放系统的角度切入，把生命看作一个螺旋场（或意识场），而螺旋正是一个开放系统自己组织自己而产生秩序的方式，那么，你自然会发现负熵的观念不光合理，而还是违反不了的。可以说，如果没有负熵，就没有生命。

热力学的原理是在一个封闭系统内成立，也就是在人类现在所在的时—空可以建立的。一般人如果只从狭窄的唯物层面出发，自然会忽略负熵的原则，更不可能注意到负熵才可以解释超导体的机制。在这里，或许你也想到了，其实生物的生命也可以说就是一种超导体。只是这种生物性的超导体表面看来不像一般物理学谈的超导体。

从唯识的角度去想，你就会发现目前的这个空间其实只是数不清的可能的其中之一。不过你、我、每一个人都透过头脑的运作，把这个“之一”的可能当作是全部。就这样，你、我自然会认为有“你”有“我”有“地球”有“太阳系”有“银河系”有“宇宙”，并且全部都在一个封闭的系统运作。但是，从唯识的思路出发，你会发现，你所看不到、体会不到的可能，其实是无穷无尽的，可能甚至是远远超过这个时—空。

这个时—空之外的可能，是头脑连想都想不出来的。毕竟念头和念头造成的物质（thought-form，念相），还是受到这个“封闭系统”的限制，自然也无法想象超过这个范围的一切。

当然，科学家不会就这么限制自己，而自然想探讨这个想不到但存有的部分。你或许还不知道，根据量子力学，即使把空间里的所有物质都移除了，真空并不是真正的什么都没有，而还会有电磁波和虚粒子在瞬间突然出现或消失。

在量子物理中，真空一点都不空，只是各种性质会彼此抵销而得到零。如此，才能够维持我们体会到的真空的“空”。量子物理把这样的真空当作是最基本的物质状态，而这种基本状态具有“真空能量”或“零点能量”。

当然，你会好奇，这种最基本的能量真的存在吗？从量子物理的理论来说，是有的。1948 年荷兰的物理学家卡西米尔（Hendrik Casimir, 1909—2000）提出一个想法，认为没有物质存在的真空还有残余的能量起伏，如果把两片不带电、很薄的金属板摆在真空中，两者的距离又很近，应该可以观察到能量。

卡西米尔

当然，这个从量子物理出发的理解，再一次地和我们一般的理解刚好相反。两片不带电的薄金属间怎么会有吸引力或排斥力？它们之间应该什么都没有。

要去验证卡西米尔的推测，有很多细节需要克服，其中之一是：“真空”是一个概念，既然如此，要怎么把“没有物质的真空”制造出来？科学家在实验室最多只能不断改进实验条件、排除各种误差来逼近这个状态。

没多久就有人在实验室逼近的真空下观察到他所预测的现象了。不过，只有在很近很近、比微米还短的距离，这个能量才能突显出来。举例来说，在 10 纳米（也就是大概 100 颗原子）的距离，可以测量到这两片金属间有大约一大气压的吸引力。这个现象，也被称为卡西米尔效应（Casimir effect）。卡西米尔效应所表达的也就是——真空是空不掉的，再怎样都还有一些残余的能量。

科学家这类的尝试相当多，天文学家在探讨宇宙里奇特的重力现象时，也提出了“暗物质”（dark matter）的观念。这种用电磁波观察不到的存在，既可以解释宇宙的四种基本作用力（强作用力、弱作用力、电磁力和重力），也适用于爱因斯坦的质能转换公式。

最有意思的是，一位物理学家只要往这个方向去思考，马上就会得出结论：暗物质的存在远远超过我们可见的物质，甚至可以说宇宙有95% 以上是由看不见的暗物质所构成的。

你想想，光是从爱因斯坦带着光速限制的质能转换公式，人类就有可能从看得见的物质中取得相当巨大的能量。像是一滴水可能产生高达 4.49×10^9 千焦耳（超过 124 万千瓦时，也就是 124 万度电）的能量，足以提供至少 2500 个家庭夏天一个月的用电。何况所谓的“真空”其实一点都不空，从它可以产生的能量更是远超过人类的估算或想象。当然，人类不知道要到什么时候才有技术可以去取得。

但是，让我在这里再往前推一步，就算把范围扩大到量子真空、暗物质，这些观念都还是“错”的。所谓“错”，其实也就是这些观念的前提是错的。它们还是站在一个封闭的系统在估算、在预测。

当然，也可以说这些观念并没有错。毕竟，就像许多科学家已经发现的，我们所谈、所发现的这个宇宙可以推回到 150 亿年前，是从比一个点还小、根本测不到的点突然爆发出来的。这个点，我们也称为奇点，而它不受这个时—空物理定律的限制。

数学和物理的领域都有“奇点”的观念，也就是在所讨论的范围内突然出现了一个令人意外的点。例如，一个光滑的曲线或平面上出现一个尖点，在这个点上，我们无法像对其他点一样得到斜率或弯度（曲率）。再举一个例子，就像 1 除以某数会得到一个数字，但是在 1 除以 0 的点得不到数字，而是会趋向于无限。

在宇宙学里，一个无法适用已知的物理定律的点，也称为奇点，像是黑洞奇点、重力奇点、时—空奇点。这样的点在理论上，是一个体积无限小、密度无限大、重力无限大、时空弯度无限大的点。然而，从这个点不断膨胀开来的宇宙，再怎么扩大、无论有多少兆的天体和星系，到最后还是有限的并可以数得尽的。也就是说，再大的宇宙其实还是一个封闭的系统。

你可能在《头脑的东西》中看过这个比喻：假如有一个火箭从地球往外发射，将路径设定成直线，而且这条路径上没有任何阻碍，只要给它无限长的时间旅行，虽然它明明是沿着一条直线往外走，但它最后还是会回到地球。因为宇宙本身有一个弯度，而且是封闭的系统。当然，这最多是一个举例。至于是不是会回到原点，没有人可以验证。但道理大致是正确的。

宇宙不光是一个封闭的系统，别忘了，从唯识的角度来看，这个宇宙也只是无限可能的其中一个。而我在这里所谈的“无限的可能”，其实跟物质不物质、你我觉察或不觉察……一点关系都没有。只能说，那是完全超过人类可以想象的机制和范围。是你、我把这些可能缩窄了，窄化到一个小到不可思议的范围，而且称这个小范围是宇宙或地球，也就让自己得到一个封闭系统的印象，再得到这些可以在封闭系统着手的物理原则。

虽然我在这一章谈的主要是热力学，但其实所有的物理法则都是从一样的前提（封闭系统）延伸出来的。人类透过聪明会承认有三度的空间，再加上时间，也就有了四度的时—空。同样的聪明，也可以想象更多的维度。举例来说，物理学的弦论就用十一度来解释一般无法解释的现象。但是，无论多少度，还是离不开一个中心假设，也就是一个有限而封闭的系统。至于这里所谈的“其他”“无限”的可能，根本是用任何维度都框架不起来的，跟现代人的逻辑一点关系都没有。

你可能完全没想到，只要把心胸打开，光是透过这些观念所得到的技术，就可以解答人类目前所遇到的许多问题。或许这些技术可能老早就在宇宙的某个角落或其他的文明等着人类，而相关的信息都已经慢慢释出了。人类的聪明走到这里，也老早准备好，可以把它解开。

16

开放的可能

法拉第

我想，你从一本谈转折点的书突然读到这么多物理学，或许会很惊讶。不过，你并不孤单。电磁学之父法拉第（Michael Faraday, 1791—1867）第一次读到麦克斯韦（James Clerk Maxwell, 1831—1879）用数学来谈他所发现的电力线和磁力线时，也半开玩笑地提到“我看到这篇论文用了那么多数学讨论这个题材，几乎被吓到了。”

麦克斯韦

前面已经提到，从真空取得能量，从整体的角度来说，没有违反任何法则。而且，这种能源完全是免费的。只是人类目前科技的前提把这个方向给挡住了，而会让你认为是不可能。

能源问题一直是人类关切的主题，也有很大的争议。有时候你也会想去实现技术方面的新突破。只是你一查就会发现，从主流的媒体完全找不到这方面的数据。基本上，目前公开的说法和大家既有的认知完全符合，你从里头是找不到新信息的。

关于这个主题，有些人认为在一百多年前，物理学家如麦克斯韦和发明家如特斯拉（Nikola Tesla, 1856—1943）已经点出了能源新蓝图的关键。

我在《奇迹》和《时间的陷阱》中都分享过，我父亲是电机工程的专家，家里自然有很多电子学和物理学的书籍，只要我想读，就会去找来看。我父亲当时也很好奇，每个人都知道爱迪生（Thomas Edison, 1847—1931）是建立直流电力系统的伟大发明家，但我为什么从他书架上只挑麦克斯韦、特斯拉和各种量子物理的书来读?

那时，我应该不到 10 岁。我看到电力公司会在每户人家或设备安装电表来测量电的用量，方便寄账单去收费。我就跟父亲说，电力应该是免费的，怎么可以变成某些机构的资产还拿来跟大家收费？我父亲当时一定觉得这只是小孩子天真的想法。不过，他听到我很具体一一举出物理和数学的根据来支持我的观点后，也就不再说什么了。

其实，我那时候年纪很小，所谓选书也只是凭着不晓得哪里来的直觉。如果真要有一个理由，最多是我认为人类不至于傻到只靠直流电来运作，而特斯拉投入的交流电的应用似乎更有意思。

当然，交流电和直流电各有各的特性和用途。后来全世界的电力输送网络大多采用高压交流电网，我们也到处都可以看到电线杆和架在半空的电线。我后来到了美国，才知道有些大城市会把电线埋到地下。高压交流电网把电送到用电的地方后，大多数的设备还是需要用直流电来运作，也就要再设置一个整流器将交流电转成直流电。不过，近来交流电机已经变得很普遍，可以直接将交流电转换成机械能，而且转速、电压、电流、容量都可以达到更高的标准。

回到麦克斯韦和特斯拉，其实，近代电磁学的应用，要从法拉第说起。法拉第用他的直觉和领悟观察到许多重要的现象，也建立了电磁场的观念，为现代电磁学的应用建立了基础。麦克斯韦将电、磁、光统整成电磁场的不同表现，综合了法拉第与其他人的研究，写下了麦克斯韦方程式，将这些电磁现象变成可以进一步延伸的理论。

现在电磁学的专家都知道麦克斯韦方程组，也知道这四个方程式是用数学的方式描述高斯定律、高斯磁定律、法拉第定律（磁场的转变如何产生电场）、安培—麦克斯韦定律（反过来，电场转变怎么产生磁场）。

不过，麦克斯韦方程组一开始并不是现在的样子。现在常见的麦克斯韦方程组，是英国一位自学成才的电子工程师亥维塞（Oliver Heaviside, 1850—1925）用新发明的向量微积分符号，将麦克斯韦方程组精简成现在的四个方程式。精简后的麦克斯韦方程组更容易掌握，也促进了后来的人开启了许多现代的电力科技与电子技术。但是，有些人认为原始的方程式蕴含了更深远的物理意义。

特斯拉对从麦克斯韦早期方程组延伸出来的纯量波（scalar wave）特别感兴趣。纯量波是一种没有频率的能量，跟一般的电磁波完全不像。纯量波是一种纵波，纵波（又称压缩波）的特色也就是波动虽然会经过物质而传递，但这些物质最多是沿着波前进的路径来回摆动，不会被波带走。用另一种方式来表达，可以说纯量波能够穿透物质，而且所携带的信号不会随着时间或距离而衰退。对特斯拉而言，纯量波可以是一种取得能量、传播能量的方式，而这个观念含着能源的革命。

特斯拉生于欧洲巴尔干半岛的塞尔维亚，年轻时差一点就必须放弃自己的兴趣去当牧师，是在一场大病之后，才征得他父亲的同意，得以进入大学读工程。听说特斯拉只要醒着的时间都在思考，他有许多灵感都是在脑海中透过观想完成的。这一点应该是他和大多数发明家的不同之处。

特斯拉

早期的电磁学教科书提到特斯拉，都会用他有800个专利的实例来说明他惊人的发明能力，而这个数字确实让人印象深刻，就连我也记得这个数字。后来，我知道有一群对特斯拉特别感兴趣的专家很严谨地去考证各国的专利数据，他们找出特斯拉在26个国家（主要是美国）共有大约300项专利。以个人来说，这个数字也相当有分量。

特斯拉的创意不光远远超过当时的人的想象，甚至也超过现代人的想象。举例，他很早就提出用高电压、高频的交流电，透过不同方向的螺旋场达到共振，而将更多能量转出来。许多人认为，特斯拉当时已经知道怎么取得免费的能源。后来也有人传说，特斯拉早就有了电动车的概念，而设计中所采用的就是这种透过共振取得的能量。

当然，如果这是真的，你自然会好奇这样的能量是从哪里来的，竟然可以从一点点东西输出更多的能量，看起来不符合热力学。然而，特斯拉会说，只要采用开放系统的观念，就没有违反各种原理。他也用麦克斯韦的方程式来解释，这些能量来自一个无限大的能量海。

这个无限大的能量海，或许会让你想到前面量子物理提过的真空。前面也说过，在没有物质的真空中，还是有一些残余的能量，而被称为“零点能量”。或许你会好奇，是什么“零点”值得去宣称还有一点能量？这要从“绝对温度”或“绝对零度”的观念说起。

有一段时间，物理学家对温度特别感兴趣。毕竟“热”是人最容易体会到的能量，而温度正是衡量有多热或说含有多少能量的一个指标。我们也都知道，加热会让气体膨胀，这时候气体分子获得很多动能（你大概不知道，一般室温下，氧分子一秒就可以移动约500米，也就是一分钟30千米，一小时1800千米，比我们快得多了）；而把温度降下来，也就是把动能移走，理论上会让气体分子移动变慢，甚至让它静止。科学家在实验室的特殊条件下，可以制造出10亿分之1K的低温，而让气体分子的移动速度减慢到一分钟 10 厘米左右。

这个理论上可以让分子完全停下来的温度，科学家将它称为“绝对零度”。绝对温度用 K 来表示，而绝对零度写作 0 K，等于 −273℃或 −460℉。很有意思的是，绝对零度和真空一样，也被认为是达不到的。但是，在接近绝对零度时，物体的性质会有很奇妙的变化。有些合金降至接近绝对零度时，会完全失去电阻而成为超导体。前面我们提过氦变成超流体也是在这种低温下才会发生。

迪拉克

即使什么都没有的真空，从量子物理的理论来看还是有残余的能量。与薛定谔一起得到诺贝尔物理学奖的迪拉克（Paul Dirac, 1902—1984），也有一个和量子真空相通的观念“迪拉克之海”（Dirac Sea）。当初迪拉克是想要用电子方程式来结合量子力学和相对论，但是他提出的方程式的数学解却包含了某些奇怪的量子状态。为了解释这个状态，迪拉克提出了“迪拉克之海”的概念。

对迪拉克而言，真空其实不是什么都没有，而是充满了无限多的电子反物质粒子的海。这个观念就是迪拉克之海。这些粒子虽然一般观察不到，但就像暗物质一样并不是不存在，而是有它的作用。当然，后来透过量子力学的发展，科学家已经知道，不只是电子有反粒子，所有粒子都有它的反粒子。或者再换句话说，哪里有物质，哪里就有迪拉克之海。这个无限大的存在随时都在，而且是不可能不存在的。

无限大的能量海就在那里，但是，要怎么取得显然有关键的门槛。前面提到许多人认为特斯拉已经知道如何着手，但是，怎么产生不同方向的螺旋场、怎么和能量场共振……这些技术的关键，特斯拉并没有公开。

你会发现特斯拉有很多类似的传闻，就像他似乎掌握了各种不可思议的科学奥秘。有人说他发明“反重力（antigravity）”的装置，让物质进入一个快速的螺旋场，在共振下得到一个反向的力量，可以让这个物质自由地随时往任何方向移动，而灵活度和一般动力推进系统完全不同。甚至可能让这个物质的质量减少到零，对我们来说，就像是透明的一样。

这一点如果是真的，其实我们不见得要用反重力来解释，更合理的推想可能是这个快速的螺旋场，也同时建造了一个独立的空间或时—空。而这个空间跟我们这个时—空重叠，再进一步透过和真空的共振，也就让我们得到物质好像突然消失或出现的印象。这种效果，就像我在《短路》里谈到的冷浆的作用。从我们的角度，它好像不见了。但它其实只是质量和能量做了一个转换，而让我们觉得它突然无影无踪。

表面上，这好像违反了质量守恒的定律，也不是爱因斯坦的质能转换公式可以描述的。其实，如果我们跨过眼前这个时—空的假设，质量和能量的关系不见得只靠光速的平方来联结。在不同的层面，或许还有人类目前不知道的其他桥梁，而这个桥梁并不是光速。

如果这些构想可以落实，那么特斯拉不光是找到了取之不尽、用之不竭的能源，甚至透过这种跨层面的可能，也为原本动辄要几万年的星际旅行找到了解决方案。如果成真，人类就可以克服光速的限制完成星际旅行，接触到其他的文明。

以前，只要有机会，我就会提出一个和燃烧与爆炸原理完全相反的“内爆（implosion）”的概念，后来也写在《自然界的螺旋》小册里。这本小册的内容除了内爆的部分之外，大多都已经收录到《真原医》了。

内爆可以更有效地转化能量，从人间的角度来说，它是干净的，带来的是再生性的能量源，而不是破坏性的。透过内爆，摩擦生热的浪费达到最小，内爆所产生的能量可以称为“冷的能源”，甚至能降低周遭环境的温度。

但坦白讲，连内爆都还只是一个暂时性的技术。其实更大的能量来源，是前面提到的没有物质的真空。很有意思的是，虽然有这些可能，但人类到现在还在用早该淘汰的燃烧原理来发电。看起来，人类的想象和技术的成熟度，还远远不足以运用真空的能量。

不过，对我而言，最大的能量来源或加速器，其实还是我们的头脑。早晚人类会体认到这一点，而自然会找到一些渠道把这种没有成本的能源转换出来。

我谈这些，有一部分当然是期待人类未来会有一个不同的能源和动力系统。毕竟现代社会对能源有极大的需求，也随时为能源的危机产生恐慌。这方面的突破，会完全改变人类每一天的生活。

但是，跨层面或跨维度其实才是真正的重点。我在《不合理的快乐》中谈过心理学从重视个人的层面，转向"超个人（trans-personal）心理学"。这种转向，也是含着"跨维度（trans-dimensional）"或"跨层面"的观念。

谈跨维度，也就是承认目前的时空只是一部分的真实，而其他的部分其实远远超过这个由三度空间和时间构成的四度时空。传统心理学，无论所探讨的问题还是整个心理学的架构，都是从个人的自我出发。然而，大家也愈来愈能体会到，从个人或小我出发的视角并没有多大的代表性。因此，也就透过超个人心理学开始探讨超出或跨出个人层面的部分。

尽管这种超出或跨出个人层面的幅度，还不到唯识的体认，但已经为我们打开了一扇窗。心理学的专家逐渐意识到许多现象并不是从小我的角度就可以解释的，尤其在灵性的方面更是如此。因此，有些专家也自然开始讲究静坐、祈祷，会想从灵性的发展来解开个人心理的障碍。

一样的，未来的物理和动力的科技，也自然会转成跨维度的取向。目前的科技和物理学的发展可以说都还是从这个时—空出发，只在这个时—空运作，所运作的、想解释的最后还是回到这个时—空，没有离开过这个时—空的限制，本身始终是一个封闭的系统。

然而，未来的科学会从一个层面跨到另一个层面。

总有一天人类会发现，这个时—空之外有着无穷无尽的维度，有着数不尽的可能，有无数的生命。人类自然能体会到，即使在这个时—空看起来没有动静，但随时可以跨到别的维度。这种探索甚至可以超过一般所谈的星际旅行。

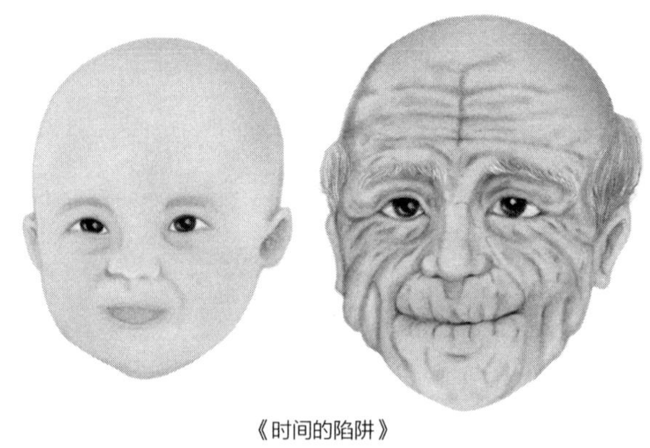

《时间的陷阱》

过去，我用人脸的皱纹来形容时—空其实是有弯度的[①]。会谈时—空的弯度，其实是为了解释为什么有时候好像可以违反时—空的限制。然而，人类早晚会明白，之所以需要用这种别扭的方式来谈，也只是因为还认为这个时—空是唯一的可能。迟早，人类会知道这完全只是一种限制，体会到——眼前的时—空只是人间的一种架构，在它之外当然有许多其他的可能。

---

① 我不在这里重复“时—空的弯度”的讨论，有兴趣的朋友可以看《时间的陷阱》第1章和第2章。

未来的人都会明白这一点。有了跨层面的理解，不光是不需要再用时—空的弯度来解释各种异常的现象，而且到这时才可能产生瞬间传送的技术。让你不需要“动”却能随时抵达其他的空间，包括完成星际旅行。

有人把特斯拉当作天才，也有人认为他只是不切实际的空想家。一百多年前是如此，现在也是一样。这里所谈的，或许也只是传说。然而，种种跨层面的理解，早晚会愈来愈普遍。只要你打开心胸，就会发现更多类似的数据，也会有人开始用很科学的方法去理解、去验证。我才会再一次用“转折点”“重新开始”或“彻底的典范变迁”来表示这种大步的转变。

人类的转折点所蕴含的不只是技术的转变；其实，光是这些认知的转变，就已经会带来意想不到的发展。从我的角度，这种转变的幅度就像从黑暗到光明一样，一方面确实会摇动人类全部的认知，另一方面则带给人类生活更多的便利，这样自然就会让你我更有条件投入唯识的这条路。

当然，这些突破本身就是采用了意识为主，也就是唯识的典范，才可能得到的。也许特斯拉老早知道一切是从没有、从空到有，是一个颠倒的步骤。但最重要的是，首先要承认有这样的可能，这样的技术才会浮现出来。

你读到这里，如果没有物理学的兴趣和背景，或许会想问：谈量子物理、谈真空，跟你有什么关系？

是的，前面其实提过，假如随时都可以取得能源、就连真空都有用不完的免费能源，人类的生活条件和一切都会改变。

但是，我认为谈这些对你还有另一个更直接的影响。也许你下一次看着天空，尤其在晚上看着月亮、看着星星，你可能突然能体会到星球和星球之间其实不是空的。你在天空所看到的空并不是真的空无一物，而是刚好相反，你所看到的天空不光不是空的，而且还是满的。你所体会到的点点滴滴都是满的，而不是你过去所认为的空。

就这么简单，只要你每天有这个体会，这个世界对你已经完全不一样了。你会发现，我们过去所讲的“空”其实远远比“有”更大，而且这个我们认为的“空”才含着全部的潜能，不光是能量的来源，更是含着我们所有的可能、意识转变的全部可能。

我们过去所认为的空，现在我们能体会到是圆满，而这个才含着我们的无限潜能。它经过了物质化，化出一个星球、一个地球、一根草、一朵花、一个人，把这个潜能限制在一个角落或一个层面，而这种限制本身是把数不完的自由度给去掉，才变成我们在人间可以体会的。所以，物质本身是一种限制、一种瓶颈、一种滤镜，它把我们的可能和视角窄化，从无限缩窄到物质。

这种领悟，本身就会改变你的生命，而已经含着唯识的观念。也就是说，我们其实是意识组合的。而这种观点的改变，本身已经让我们可以和其他的文明接轨。这一点，可能和你想象中的未来发展的方向或现在科技的切入点是不同的。

17

念头的速度

我们现代人有很多限制，而这些限制是随着唯物的基础而有的。

其实，唯物的观点也只是在强调：这个世界和我们所见的一切不光是存在，而且还是主要的。至于不属于物质层面的存在，在这种观点下会被说成比较微细的存在，就好像说的人会觉得很可惜它竟然不是物质似的。

你听到这些话，或许会认为不可能。我最多也只能劝你，这种不理解其实还落在一个很狭窄的层面——认定这里所讲的意识就是人类头脑会分别、会比较的相对意识。但是从唯识的角度，这种分别比较的意识只是意识中小到不可思议的一个层面。

人类或众生的意识，只是意识众多可能的其中一种，而没有任何代表性。不只如此，人类认定的现实和任何观念，对整体都一样没有代表性，最多只能算是其中的一个选择。

误解就在这里。因为你已经分不开这两个层面了。你会认为全部的意识就是人类落在一段狭窄范围里的意识，但我讲的是整体——是没有分别的加上有分别的，是全部的可能——才是这里所讲的意识。

但值得注意的是，唯识所表达的并不是从意识生出物质，而是——物质，也离不开意识；物质本身，就是意识。或再说得清楚一点，物质只是意识的一种暂时状态，会出现，也会消失。

假如你能想通这一点，并让全部的矛盾消失，自然就会发现，物质本身并不能算是具体的东西，只是一种观念或一种观察现实的角度。然而，人类竟然会将这样的视角称为是物质，并把这样的角度当作生命的一切。

我会重复这个关键，是为了想表达你过去可能没有想到的一个观点。之前，你可能跟其他人一样，理所当然地认为是物质为主。站在这个范围，你自然也会接受爱因斯坦的结论，认为光速是没办法超越的上限。

你大概也注意到了，光是在这本书，爱因斯坦的质能转换公式 $E=mc^2$ 已经出现在四个章节里，而这是第四次出现。不过，这次我想谈的是代表光速的 c。你可能听过这样的推论：如果达到光速，物体的能量会扩大，而时间会变慢。我们的一百万年，对一个光速中的人可能只是几秒。同理，一个正以光速移动的人，相较于我们应该会老得比较慢。

代表光速的这个 c 同时也是 constant（常数）的缩写。在公式中采用 c，也就表示这个数字是不会变的。所以，爱因斯坦的质能转换公式用 c 来代表光速，也就表示：在这个物质世界，任何速度都不可能超过光速。这也就是前面谈的，光速成为阻碍人类进行星际旅行的门槛。

然而，站在唯识，也就是意识为主的角度来看，你自然会发现，比较微细的存在（例如我之前提过的高速意识场或高速螺旋场）其实是在物质之前就有的。因此，进入一个高速的螺旋场，不光是无从违反光速的限制，而且还是跨越光速这个限制最简单的方法。甚至可以说就是你我都有的本能。

这个最简单的方法，其实也就是念头。你想想，念头的速度是不是不受光速的限制？而且，念头本身是一个最简单的工具。这个工具非但是你我都有，而且随时可以超越光速的局限。

你大概想都没想过，这个最简单的方法竟然可能让人类进行星际旅行，而不受光速、物质和这个时—空的限制。当然，你也可以不用念头这种简单的说法，而是用复杂一点的学问来谈，像是ESP、特异功能、遥视、遥听。这些能力，以前的人可能还会称为是天眼通、天耳通或其他的神通。

许多人把脑部的松果体当作是“天眼”。对我而言，真正的天眼并不是一个肉体的构造，而是在表达无所不在、无所不知、无所不能的意识层面。松果体最多还是一个内分泌的腺体，和睡眠与很多生命现象有关[①]。或许古人所谈的就是意识扩大的作用，只是后来误传为天眼。

也有人谈到松果体会分泌一些类似迷幻药的分子而带来意识扩大的效果。其实好多地方的文化早就懂得从蘑菇或药草得出类似的成分，来扩大头脑的边界。你想想，散落在各地的文化都会找到同一个物质，这本身就是奇迹，也表现了古人对灵性科学的充分掌握。

只是，再不可思议，这些能力还是离不开念头。比起谈特异功能或神通，我更宁愿用念头来表示。毕竟念头是每个人都会承认自己有的，而特异功能反而会让人觉得只是少数人才有的能力。

这种你我都有的功能，其实古人都懂。他们在定中，自然进入出神或灵魂出体的状态，不光可以到别的星球，还可以到别的法界，进入不属于我们的时—空。当然，这里所讲的定，并不是我在《定》里面所谈的大定，而最多只是和一个对象合一的观念。这种定，只要透过工夫，是每个人都可以练出来的。

最有意思的是，在出神的状态中，不同人的体会竟然有相通之处，甚至可以重复。因此，你才会在各种文献和记录看到许多类似的星际或古文明的传说[①]，或是针对地球上各种没办法解释的金字塔、巨石阵的来

---

① 《好睡：新的睡眠科学与医学》第三章中的“头脑的清醒机制”有更多介绍。

源可以得到答案。

当然，你可以把这些都当作只是幻想。你这么想也没有错，毕竟“幻想”和“想”一样都只是念头的作用。但是，你只要去比对这些数据，自然会发现不同人的体会都有相通之处。正因如此，这些说法和描述才会让人注意到，并进一步产生好奇。

许多奥秘的知识，其实是古人很单纯地进入一种宁静的状态而自然知道的。透过这种灵感得到的知识，远比后来的人透过头脑的理性、用比较粗糙的观察方法或后来更精细的衡量工具所得到的都更清晰。

你大概怎么都没想过，印度几千年前的奥义书（*Upanishads*）就用 *bhugol*（意思是圆形的大地）和 *jagat*（会动的）来描述地球；也用 *suryamalika*（戴在太阳上的花圈）来表示太阳是被行星绕着转的。你想，几千年前的印度人要怎么知道地球是圆的而且会动？他们怎么会想得出来太阳系的组成？这方面的例子相当多，而会让你一再地感慨“那么早的古人，怎么可能知道？”

你仔细留意人类知识的发展，就会发现许多数学、生物、化学、冶金、炼金术、天文学不可思议的灵感其实是这么来的。举例来说，古人很早就有很奇特的金属工具，而不是现代的合金技术可以模拟的。而且，很早就有人提出了地球绕着太阳转的观点，只是后来被人类自以为重要的地球中心说给盖住了。又过了快两千年才被哥白尼再次提出来，并且受到许多人的质疑。你想想，在比哥白尼早了快两千年的时代，根本没有足够的天文观测数据和数学工具，古人是怎么知道的？

光是古人透过这种定所体会到的数学的奥秘，我用几本书可能都写

---

① 这方面的说法相当丰富，不止一个人体会到昴宿星文明（Pleiades）、仙女座文明（Andromeda）、天狼星文明（Sirius）、亚特兰提斯文明（Atlantes）、列穆里亚文明（Lemurian）。

不完。你不光会感慨古人当初怎么会知道，更会感叹人类究竟是经过了怎样的失忆，才会失去这样的本能。

人类现在觉得自己的成就是历史上从未有过的辉煌，但其实古人早就知道这些。到现在，我们对一切的知识还要透过外在的仪器和检测才可以得到答案。然而，古人什么工具都没有，光是透过定进入另一个状态，就可以得到。

许多人会想去接触古代的经典，因为里头含着许多宝藏。就好像古人的头脑是开放的，并不受时—空的限制，而可以直觉地取得很多信息。相较之下，我们现代人要花很多时间才能跟上他们不费力的灵感。

说到这里，其实你只要心胸够开阔，就会明白并不需要急着下一个结论去接受或拒绝这些奥秘的知识。毕竟，再微妙的现象，还是没有离

《不合理的快乐》

开物质的层面。在现象和物质的层面，无论做什么，和你灵性的发展其实无关，反而一不小心就让你空过了这一生。

谈这些，我最多是想重复一个提醒——人类发展下去，未来是可能接触到数不完的文明的。

地球和其他的星球一样随时滋养着无穷无尽的生命，而丰富的生命或者意识就像多重的宇宙重叠在这个时—空，只是它们各自采用不同的沟通和觉察机制，不见得随时体会到彼此。最多是演化比较成熟的意识有能力体会到我们，而希望能为我们加油。如果你也能够体会，自然会明白这些更高等的意识或生命最多是想鼓励人类，希望我们早点成为足够成熟的生命。

透过这样善意的接触和发展，或许还有机会帮助人类解决目前的难题，像是栖地、食物、能源。目前人类还在采用的以燃烧为主的能源技术，和其他原本锁定在唯物的发展，也可能突然间就被淘汰了。到这里，人类也就真正进入宇宙早已准备好、等着我们的丰盛。

你自然能体会到我过去所说的——这一生来，其实不是为了求一个温饱、不是为了卑微地养活自己和家庭、更不是为了确保竞争的优势而要在社会达到多高的地位、掌握多大的权力。

你这一生来，其实是要在意识转变告一个段落。

这才是你我来这一生真正的目的。可惜的是，我们都被自己的聪明、逻辑、文化、历史给限制住了。

18

人类最初的起源

前面谈过人是怎么来的，当然，只要你去探索，就会发现从各个角落慢慢有不同的证据和理论开始浮出来。

你在学校里学到的，不外乎是前面也谈过的——多久前有了水里的鱼、沼泽的青蛙、陆上的爬虫、和下一代关系更紧密的哺乳类、灵长类……经过几亿年终于出现了人类。这个先后顺序，已经得到了各种化石证据的支持。生物学家再把现在还存活在地球的生物基因序列拿来比对，也可以推算出哪些物种“距离”比较近，而哪些又比较远。这些远近关系，反过来也能够支持从化石估计出来的先后顺序。另外，人类和其他的动物从基因序列来看是有一些共同点。从这一点推理出来的结论，也就是所有生物应该要有一个共同的起源。

整个推论听起来相当合理，但你再仔细想，也会觉得好像还有些奇怪。举例来说，你到动物园或许会看到黑猩猩。你也可能听说过黑猩猩和人类之间某些基因的差距最多不到2%，整体基因最多也只有20%不同。看看眼前可爱的动物、看看自己，再看看身边的其他游客，你或许也会忍不住怀疑，我们与身边的人和可爱的动物，真有那么多共同或不同吗？

光靠基因就能够解释一切吗？

不只是你，很多人和你一样会想知道更多，也想找更多根据。当然，只要想找，也一定会找到。

你和其他人都会发现，有许多地方的古人明明处在连文字都没有的史前时代，却已经懂得很先进的数学，并透过图形与几何的方式留下一些信息。这些信息，即使现代人最聪明的头脑也还没办法完全解读。

你只要体会到这些古文明的特点，也难免会感慨——怎么回事？人类是不是经历过集体的失忆，竟然好像完全不记得自己最初的源头？你也可能会猜测，地球上的文明是不是因为全球性的冰河期而曾经中断？现在所谓的历史，会不会只是整个地球、人类、生命一小段不完整的记录？

光是人类怎么建立埃及的金字塔，就够难想象了。那不可思议的完美结构是怎么有的？金字塔结构的完成度非常高，是在几万平方米的大地上落实光学精密等级的技术才能达到。如果不是结构上完美的平衡，金字塔早就因为侵蚀等作用而倒塌了。你只要看过，也自然会想问构成金字塔的巨大石块是怎么来的？那不可能是凭人力一一挖掘、一一搬运的。

这些问题和金字塔带来的信息，是好几本书都写不完的。举例来说，光是为了解开巨大石块的谜题，就让我在年轻时花了一段时间去研究埃及金字塔的水泥技术。更精确一点，应该说是陶瓷技术。但是，这种陶瓷和现代人类所理解的陶瓷不同，不是高温烧制，而是用化学方法成形的。后来，我也称这种材料是绿色水泥。

不光如此，金字塔的结构，对某些人而言就像是一张地球的名片，在对宇宙的生命介绍这颗美丽的蓝色星球。

有些专家精密地测量金字塔，发现里头有些构造指向当时的北极星。他们也从胡夫金字塔的数据做了一些推论，并认为金字塔的架构就像是一张微缩的坐标图。举例来说，金字塔底座的周长代表地球赤道的圆周长，金字塔的高度代表北极到赤道的半径，甚至连微缩的比例都反映了地球的岁差运动。地球每天都在自转，就连自转轴本身也在转。岁差运动反映的就是地球自转轴每年的变化。对他们而言，如果宇宙有其他生命看到了金字塔所表示的蓝图，又知道每个项目的意义和换算的规则，自然可以推算出地球的大小、方位和位置。

从这个角度来看，古人对天空的关切，早就超过了最明显的太阳和月亮的起落。不只埃及，华人的二十八宿把天空的遥远恒星当作坐标、而中南美的玛雅历含着金星的周期。这些成就，一点都不像是一个还在发展初期的文明就可以达成的。

古人除了定出天上的坐标，也观察到更隐微的模式，刚刚提到的岁差就是一个例子。他们很早就归纳出黄道，也就是从地球上所看到的太阳移动的轨迹。你可以想象，要归纳出这样的轨道，古人要有相当透彻的理解能力，才能跨越天气、昼夜变化等等观测的限制。

一般人都知道的 12 星座，也就是在黄道上的星星。这些星座也是太空的一个坐标，古人从这些星座可以知道太阳移动到哪一站了。当然，谁在动，这是相对的。后来的天文学家知道这是地球自己在动。

好，让我们回到岁差。前面讲到地球的自转轴本身也在转，绕一圈要 25 800 年左右。人类从地球看天空，会觉得太阳沿着黄道运行。黄道每年会和赤道面有两个交会点。三月的交会点，又称为春分点（equinox）。岁差指的也就是春分点的位置年年不同，会有一个很微小的度数差异。这个微小的度数有多少呢？其实需要 72 年才会移动 1 度。72 年才移动 1 度，你想想，这绝对不是凭个人的观察力在一生中就能体会而得到确认的结论。

一些大家公认最古老的文明，像是古埃及、巴比伦、古希腊和印度，都有文献指出一个接近26 000年的周期。这其实就是岁差累积到360度、回到原点所需要的时间。后来的天文学家把它称为大年（great year），也就是“太阳年的年”，并更精确地定出25 772年的周期。

这个接近26 000年的大周期，还可以依照黄道上的12星座再区分出比较小的周期。每个小周期也就是岁差累积到可以跨过一个星座（30度）的时间，大约是2150年。你可能听说过宝瓶时代的说法，也就是这么来的。

读到这里，你可能也开始推算了，金字塔距离现在大概有四千年到一万年的历史。而欧洲人到了中世纪初期还在辩论地球是平的还是圆的，现在还有少数人在坚持地球是平的。古埃及人不是应该更原始吗？怎么可能有这样的学问？

而且，这些历法和周期比现代人的阳历更细致，甚至还像指南针一样，点出历史文明的兴起与消灭。如果你去比对人类历史的兴衰，也会发现和各种宇宙的周期是吻合的。

举例来说，前面提到的接近26 000年的周期，在古文明中也代表了万物循环回到原点的周期。这个原点，也有人认为是人类文明兴起的原点。

既然要谈人类的起源，你可能会好奇那么这个原点离我们有多远？有科学家透过金字塔和猎户星座对齐的时间，回推出这个起点是大约公元前10 500年。当然，也有人用不同的方式重建金字塔上方的天空，又定出一个在大约公元前36 420年的起点，整整往前挪了一个周期。无论哪种算法，在这个周期中人类已经差不多走了一半，就好像穿过了最黑暗的时刻，又往上走了接近1/3。

我也常讲，透过共振和对称的法则，配合地球和其他星球的周期，可以说“现在”对我们意识的提升正是最有利的一段。当然，目前还没有达到巅峰。但是，宇宙会透过行星层面的变化来帮助我们。

谈到意识的提升，你或许会以为这些变化是“好”的、“舒服”的。然而，我必须再一次提醒：不见得是如此。对人类意识转变真正带来帮助的，更可能是各种痛苦的发生或大范围的天然灾害。在这里，虽然我们还在讨论“好”或“坏”，但你也知道，站在意识的层面其实没有好坏。这只是在物质层面要经历转变所必需的周期。

你再看看小范围的周期，现在似乎也是很有意思的时刻。两千年前耶稣来到人间，正是双鱼时代的开始，而我们现在正要进入宝瓶时代。宝瓶时代所象征的，是一种开放、追求真实的精神。对很多人而言，宝瓶代表了一个由爱与和平带领人类的时代。从这些角度来看，这个时点刚刚好是人类意识提升、达到启蒙最好的机会。你我来到这个时点，也就刚好搭上转变的缆车。

说了这么多，其实只要保持心胸开放，你自然会意识到人类的起源很可能不是目前教科书所说的版本。现在流行的说法是，人类是从东非出发的一支，而经过子子孙孙一次又一次地走出非洲，才在世界各地安顿下来。分子生物学家也比对现在世界各地的人的 DNA（用线粒体 DNA 代表来自母亲的遗传，用 Y 染色体 DNA 代表来自父亲的遗传），希望往前追溯、重建人类的历史。

不过，尽管用了最新的技术、大规模的资料比对，科学家还是没有达成想象中的共识。就像早期一个笑话所说的，只要让两位人类学家在同一个房间待 15 分钟，他们出来时就会产生三套新的人类起源理论。坚持人类只是从非洲的一个小支系开始的科学家，并没有真正说服主张在各地各自演化的同行。

不光是人类学家有他们的版本，其实，每一个民族都会讲自己起源的故事。你或许听过，许多文明会流传小矮人的故事，而世界主要大陆和文明的古老神话都有巨人的传说，而会认为巨人是人类的祖先。更有意思的是，各个文化里关于这些人类起源的传说，都会提到这些古人其实是住在地下的。不光如此，这些传说还会提到地下其实有大大小小的孔洞，并且都是相通的。

你大概也知道，像金字塔底下就是空的，里头的物品也含着一些很特别的石英、陶瓷和金属材料。最奇妙的是这些材料都是经过处理的，并且所含的处理技术，是我们用现代的方式怎么也模仿不来的。

从这些仅存的文物来看，显然过去的人并不像我们现代以为的很落后，当初可能是为了躲避彗星、太阳周期变化的天灾或其他原因，而选择生活在地下。

这些共同的元素在世界各地都有，仿佛落在人类集体的潜意识里。这一点，你应该也觉得不会只是巧合。

此外，你也可能听过有人找到一些古地图，推测传说中的亚特兰提斯文明就在现在的南极大陆。当然，现在的南极大陆被完全覆盖在几千米厚的冰层下，地面时常刮起时速破百千米的狂风、温度可以低于零下50℃，探勘难度相当高。谁会想住在那里？更别说还要钻进厚厚的冰层里。

但是，现在科学家用各种方法冒险探勘，也发现冰层下有几亿年前热带雨林生态的遗迹，除了岩石、冰川之外，还有地热、没有结冻的湖，以及各种适应超极低温、超高压力环境的奇妙生物。

说到这里，我相信你也明白，光是凭着人类当下所拥有的知识，就要去接受或排斥任何一种说法，目前都还太早。或者说，无论采用什么方法，已经注定了只能在预设的假设里打转，得不到真正的突破。

如果真有哪一个课题那么重要，你可能也体会到或许更应该试着从框架以外来思考。无论谈的是社会和文化的历史还是人类的来源，现在一般人认为是另类的、例外的说法，未来都可能推翻现有的说法。换句话说，也就是改写人类的历史。

这一点，我相当有把握。从观念的变迁来看，如果本来少之又少的关键少数变得够多，那么原本可能被视为另类的看法也就突然会变成主流。到时候，也许就连太阳系的人类是怎么来的，都会有新的说法出现。

人类如果懂得自己的起源不只是眼前的可能，或许还可以接受其实还有许多类似于人的生命或意识（humanoid）比我们更聪明，而这种聪明或更成熟的意识在宇宙是数不完的。我有时会称这样的生命或意识是人类的兄弟姊妹，或者可以说好像是外星的兄弟会或姊妹会（star brotherhood / sisterhood）。虽然听起来像是一个组织，但其实是一种没有组织的组织，或者更应该说是一种意识。这样的意识是透过支持生命的聪明而自然结合起来，他们唯一的共同语言是慈悲。最重要的是，这种友善的意识都在等着跟我们接触、想为我们加油，希望我们成功度过。

当然，怎样算成功呢？会有愈来愈多的人逐渐明白，所谓的成功最多也只是人类终于彻底找到自己的自由，可以和所有生命和平共存，而不是继续恶性地进行竞争，非要霸道地毁灭地球不可。

谈到这里，也许你会觉得这些说法超出你的想象或者说太过另类，而想要持保留态度。当然，这是合理的。我最多是在这里提醒一点：如果这些另类的解释反而最符合常识，能答复最多疑问，而不是再带来更多问题，为什么要排斥它？

西方哲学有一个“奥卡姆剃刀”（Ockham’s Razor）原理。这个原理是在表示，如果有一个解释可以包括一切的现象，那么，这个解释在人间可能就是比较正确的。反过来，如果一个看似合理的解释处处都有解释不了的例外，那么这个表面合理的解释反而是最靠不住，早晚会被推翻。

这一点，我相信数学家都会同意的。数学家在提出一个定理时，都要先设定边界条件。在这条件的范围内，一个好的定理应该要可以包括样样的观察结果。假如没有的话，当然它不能称为是一个定理。对物理学家而言，要提出一个理论或法则时，也是一样的。

面对一个新的说法，在排斥它之前，不妨让我们先检视它能解释多少现象、答复多少问题。这应该会是更合乎理性的做法。

然而，我谈这些主题，并不是为了让你往这方面投入。毕竟，你再怎么找，也不会找到真正的根源。只要你找到了一个源头，也自然会想问“那么，这个源头的源头又是什么？”因此，人类的起源，或更之前的起源，是永远探讨不完的。而且，你一定会找到更精彩、更完整的说明。

我之所以谈这个题目，最多也只是希望你经过自己的验证，体会到——原来，你一直以来所学、所知的最多只是一套信念。重点是，和你一样，七十多亿人会渐渐认识到这一点，而在认知上达到一种共振。

这样的共振，会促使全人类整体向内转，或说提升。

19

神圣几何

前面谈到金字塔所蕴含的信息，也谈到它带着丰富的形式。这些形式，后来也有人称为“神圣几何”，自然界也有许多类似的形态。我想，对这些信息和它的用意，或许你也会好奇。在这里，让我多做一点补充。

第一次接触的人，自然会想问“什么是神圣几何？”确实，后来的人把这个主题变得很丰富，从另一个角度来说也是很复杂。不过，我不会在这里谈太多。毕竟真正重要的也只是最基础的神圣几何，也就是数学上的黄金比例。

在数学上，如果有一大一小的两个数，彼此之间呈现这样的关系：小数（b）与大数（a）之间的比值，等于大数（a）与两数总和（$a+b$）之间的比值，你就可以将这两个数的比例称为是黄金比例。这个比值大约是 0.618。如果计算的方式是大小数相反的，就采用倒数 1.618。在数学上，这个黄金比例会用希腊字母 ϕ 来代表，也称为 ϕ 比例。

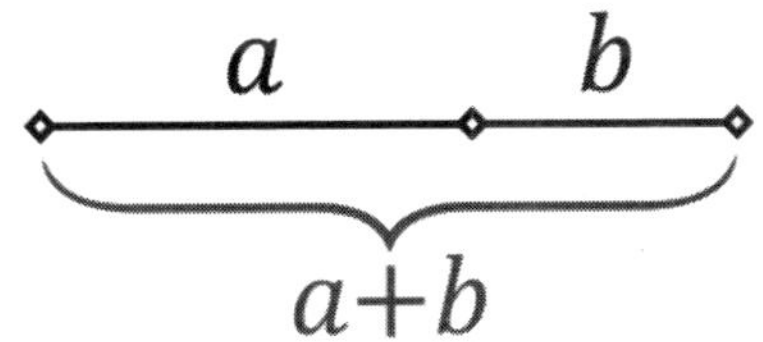

最初人类是怎么发现黄金比例的？其实没有人知道。有人说是毕达

哥拉斯（公元前 570 年—前 495 年）发现的，传说毕达哥拉斯经过铁匠工作的地方，被叮叮当当的打铁声给吸引住了。他走进去观察，发现铁块和铁锤敲打位置的尺寸比例正好是 1:0.618 时，会带来最和谐的声音。用上面的图来想象，也就是如果铁块是 $a+b$ 那么长，铁锤正好敲打在 a、b 线段间的那点上，所发出的声音会是最顺耳的。你不妨试试看，是不是如此。

然而，比较正式的记录是欧几里得（公元前 325 年—前 265 年）开始探讨黄金比例的特质。他发现在各种几何形状和大自然常见的叶芽的螺旋，都含着黄金比例。黄金比例不光是衍生出很多形态，而且从数学、审美、音乐、建筑、科学技术、天文物理都可以看到黄金比例的踪影。

很有意思的是，欧洲人到了中世纪，也喜欢称黄金比例为神圣比例或几何学的神圣分割。当然，你可以说是因为中世纪的知识都是由教会来主导，所以喜欢谈神圣。不过，或许也可以这么说，就好像当时的人从某一个层面明白黄金比例反映了万事万物的形态，而可能是解开宇宙神圣奥秘的一把钥匙。因此，也就自然会想用神圣来称它。

着迷于神圣几何的，不只古代的希腊人和欧洲人。前几章提到的特斯拉，也有许多故事指出他对特定的数字和形态特别着迷，像是房间里的生活用品一定要是 3 的倍数；他也特别关注带着黄金比例的螺旋。

对，金字塔或许是一张留给其他生命的地图。这是后人无从得知的。但是，看起来对特斯拉最重要的是，金字塔的地点似乎可以传递能量，而可能成为一个让无限大的能量海比较容易转出来的地方。

特斯拉参考金字塔地点所蕴含的法则，来选择他建立实验站的地点。他把地球看作一个蕴含无限能量的超大发电机，从埃及吉萨金字塔群所反映的和赤道与地球轨道的关系，来寻找最适合取用地球能量场的实验站。从他的角度，符合神圣几何的地点会是驾驭无限大的能量最好的地方。

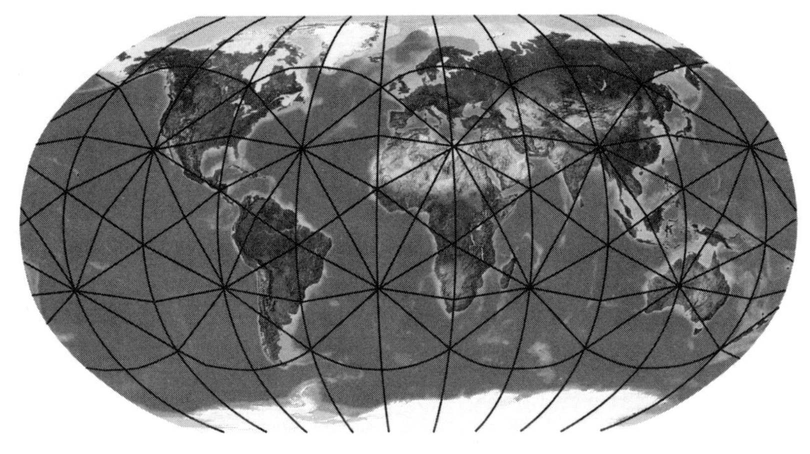

《神圣的你》

很有趣的是，只要你去查，自然会在地球上找到许多类似作用的地点。像我在《神圣的你》中提到过，地球上至少有八万四千个能量特殊的地点，是符合神圣几何的，并且是能量网格的交会点。用气脉来比喻的话，就像是地球能量场气脉的交会点或穴道，或说地球能量场的脉轮。

从这样的角度去观察，你自然会发现地球就像是活的、会呼吸、有气和能量的流动。很有意思的是，古人的医学都懂得气和脉轮的概念，现代人反而认为这些概念很玄，认为不存在。对，从坚实的物质层面来看，你看不出经脉和脉轮在哪里。但它们其实是生命不同层面的交会点，或者说是意识和物质层面的交会。

你在每个文化也都会看到类似于 DNA 螺旋的图形，也会看到相近的气脉或脉轮的描述，包括在地球各大陆都有这样能量特别的地点。不可思议的是，这些地点，好像早就被古人发现了。而且仔细观察，彼此在形状上都有一些深层的联结，例如中美洲前哥伦布时期的古城、柬埔寨的吴哥窟、英格兰的巨石阵。

很有意思的是，这些地方好像更容易发生一些例外的事件。当然，说例外，是从人的角度来看。站在整体，最多只是一个反趋点。无论如何，人类自然会把这些地方当作神圣的地点，就像在这里比较容易接近神或天。用“全部生命”的语言来表达，也就是比较容易让注意力集中，进入提升的状态。或许也可以说这些地方好像都带着一个不同方向的螺旋场，而有一种反重力的作用，甚至和地下、和四面八方都是通的，就像是一个传送的门户。

过去的人，虽然没有办法用科学的语言来描述这些能量的意外点，但自然懂得运用它，也早就发现许多不可思议的文物。就像前面讲的，这些文物含着一些符号、代码或象征，好像在反映一种先进的文明，或说含着一种线索，想把我们从集体的失忆中唤醒。当然，从人类的角度，自然会认为这些物品是“人”留下来的。但坦白说，谁知道是从哪一种文明留下来的?

这方面的研究，我过去会称是神圣的考古学。这些发现套不进一般线性历史的框架，有些人因此也就不想去探索，宁可当这些证据不存在。然而，这方面的信息已经愈来愈普遍，只要你愿意花时间，都可以找到。过去的传说或神话，你只要去研究，也自然会发现其实都有它的根据。你会愈来愈意识到，古人并不像我们以为的那么幼稚或迷信。甚至，他们观察的能力可能比现代的人类更透彻，可以超越眼前的时—空。

我应该也分享过，早在二千六百年前，当时还没有显微镜，但佛陀就知道水里有数不完的微小的生命。你再看看，中文里的“水”也很巧合的正是冰晶的形状。这方面的种种线索，我相信你也知道是数不完的。

既然如此，与其用迷信来称这些现象，或许你我可以打开心胸，再一次地接受前面提过的可能：古人跟另外一个层面的存在（也可以说是大自然或一体）比较接近。因此，他们观察的能力比现代人更为深邃，甚至有些能力对我们现代人来说根本就是遥视、透视等的特异功能。

但是，早晚人类会发现这其实是最普遍的能力，随时都有。只是现代人好像有过集体的失忆，只想守住左脑的层面，而不去正视它。因此，人类把最正常的本能变成不正常，甚至成了例外。

你或许会想，这些能力或现象真有那么普遍吗？

别忘了，前面才提过，这些神圣的比例或状态其实有一种最单纯的原则，甚至可以说是最普遍的，是随时都可以观察到的现象。这样的现象，你并不需要特地去哪个神圣的地点朝圣，就可以亲眼见到。

看看身边，从台风、海螺，到树、花、人体、动物的发育，你自然会发现神圣的几何、黄金的比例其实是到处都有，就好像生命是遵循神圣几何的规则才发育出现在的形态。包括分子层面的DNA、蛋白质，一样离不开神圣的螺旋。

这种体会，对你会是非常重要的。

意识场，本身是螺旋场。现代物理学最高速的超导体，一样离不开高速的螺旋。螺旋是阻碍最小的一种力量。你可以说它是最微细的力量，在物质被凝固前就有；也可以说它的力量最大，可以到处都留下自己的足迹，好像只怕我们找不到它。就像金字塔也是一样的，处处都是线索，等着我们去面对或承认。

找到神圣的螺旋，就好像是让我们把自己找回来。我们是从神圣几何的螺旋凝聚下来，而生命的各种现象都带着螺旋场的痕迹。我们从生活的方方面面，包括生活习惯、建筑、设计、语言、态度、服饰、音乐、讲话、动作、采用的技术、任何有色有形进入螺旋所蕴含的神圣几何，自然会和自己生命的源头达到一种共振。

说到这里，或许你就明白了，为什么我们会在某种气氛、状态、环境下感觉比较舒服。像是听到古典音乐，我们自然会感到沉淀，而比较能够集中。如果我们离这种神圣几何愈远，就好像要中断和生命源头的均衡与和谐的关系，自然会感到很大的隔阂、失落和无力感。

在这方面，我又要再谈一个颠倒的观念：人类的发达当然是好事，但如果这种发达会违反一些基本的原理，像是破坏神圣几何的原则，那么，到头来受伤害的还只是我们自己。

同时，这时候你可能也已经发现，数学才是真正在宇宙每一个角落都相通的语言。它可以表达很微细的观念，甚至已经接近唯识的层面。数学中的几何，从最粗浅到最难的层面都讲究一些最原始的重复形态。无论点、线、面还是圆、球、立方体都离不开几何。

后来科学家也发现，就连在次原子的范围，粒子的互动也离不开这种几何的形式。有些元素原子组态的形式和现在周期表里的元素完全不同。这种形式，就好像金字塔的形态可以当作一个共振器或加速器，不光可以转达能量，还可以自然与量子真空达到一种共振。当然，这方面的探讨是怎么也讲不完的。

从这些例子，你或许也体会到好像这些几何形状本身就是我们的原型（archetype）。从这些原型，可以衍生出我们看到的所有形态，包括世界，包括动物，包括人。

这一点，本身也给我们一个暗示，提醒我们在大自然可以体会到的情形是怎么化现出来的。再进一步，我们如果想和其他意识或文明沟通，或许可以透过形状和符号得到共同的语言。毕竟，只要从最纯的意识进入物质的层面，绝对离不开螺旋。可以说，是在这个最原始的形状的对照之下，人类才有神圣几何的观念。

我很年轻时就投入这个领域，而从中发现相当多不可思议的现象。但是，当时知道这些现象的人，我想可能一只手都数不满。每一次，我只要跟物理学家或数学家谈，他们的表情都好像是这辈子第一次听到似的。

但想不到，还不到几十年，这方面的知识已经非常普遍。甚至，只要你感兴趣，随时都可以找到。后来也有些专家投入这个领域，我回到亚洲也认识其中几位。

虽然这些知识相当有启发性，然而我总是觉得如果一辈子就这么一股脑地投入物质层面的领域，无论神圣几何、特异功能还是其他神秘学派和物质层面的知识，反而可能会错过真正的重点。

从我的角度，任何领域都是一样的，对真实并不真有多大的代表性，不应该是我们这一生要用全部力气去追求的。毕竟这方面的追求，包括种种知识的追求，无论具体还是微细，最多只会把人带进一条没有出口的小巷。特别是许多领域的秘密知识太丰富，一不小心可能几十年都走不出来。

尽管从整体的角度，我在这里必须做一些善意的提醒。但我还是要点出一个眼前的事实：这些投入非传统领域的科学家都是精英。他们会决定未来科学的方向。

我对大家的建议是：最多只把它当作一个触媒或切入点，让你对一些传统的领域有彻底不同的看法，也就这样穿透脑海的局限，或者说把脑的边界打开来，而让我们可以接受比这些领域更广、更大的层面。

当然，从我的角度，更广、更大的层面，其实最多也只能说是唯识。

从意识海，一个人不可能再退到哪里。它可以包括一切，甚至包括这本书所谈的人类的起源、能源的运用和其他的领域。只要你很诚恳，可以接受这些新的可能，也就自然跟宇宙好像接通了轨道，而让自己更沉淀、更成熟。接下来，一切的发展会跟着来，你并不需要担心。

但是，如果心没有打开，没有这种起步，没有把这些当作只是人类发展的工具，一个人反而很容易就落在唯物的层面。坦白说，宝贵的一生中可以跳出限制的难得机会，就这么错过了。

20
动物，不只是动物

你可能记得，我在《神圣的你》和《奇迹》中都提过，如果不是动物来为我打气、给我祝福，大概就没有现在的“全部生命系列”。

这些经过，你可能会觉得很神秘，但是，如果你真正懂了神圣几何的道理，就在这个地球，你随时可以和动物与植物沟通。

神圣几何的螺旋是一种全宇宙共通的语言，是意识要凝聚出生命时最根本、最基本的痕迹。动物和动物之间，是这样沟通的；动物跟我们也是这样沟通的。只要你进入这个层面，其实随时可以跟动物沟通。

你读到这里可能会很惊讶，但确实是如此。如果你进入了这种很安定的舒畅、圆满和“在”，你会发现动物和你会自然达到共振，你自然懂得什么是和动物交流。透过“在”或圆满，它本身会制造一些状态，而这些状态是完美，是圆满，也是神圣的。就好像你和动物进入了同一个空间，而透过这些同一个空间，你和小动物可以沟通。

其实最原始的人类都懂，到今天还是有很多原住民也是这么做。但是他们不会去解释，毕竟这不是透过你认为的逻辑或二元对立可以说明的。如果真的要说，也只是进入一个统一的意识场或神圣的空间，在这种空间，任何生命都可以互动。

这种互动，不是透过一种语言，而是透过一种能量的共振。

只是现代人都偏重用左脑来运作，所以都需要用语言、透过眼睛可以具体化的方式来表达。但是，这里谈的沟通和互动，也只是用右脑去感应、去共振。而这种感应和共振，是你、我、每一个人都有的。

前面提到人类可以和其他的文明沟通，谈到这里，我猜你和大多数人一样，想到的大概是外星人或和人类类似的其他文明，而通常不会想到地球现在就有数不完的文明和你我一起生存。甚至，你不会想到动物就是一种聪明的众生或文明。如果我们先入为主地认为动物没有这种聪明和人类沟通，当然也就不可能去体会。

你可能还记得，我在《奇迹》中谈过海豚、狗与蝴蝶的互动。坦白讲，这种交流本身是最自然的，是每个人都有、都懂的。并不是少数人才有这种体验，而这种交流根本也不能称为是一种本事。一般人会把这种互动看作是“超自然”，也只是因为人类把自己的生命活成了一种单一的、麻木的层面，才把这种本能都忘记了。

《奇迹》

既然我们已经谈到这里，其实，只要你愿意，是可以随时试着实验看看的。

首先，你让自己安静下

来，让心很安静，并带着一种相互的善意。你允许这个动物进入你的空间，也请它允许你进入它的空间。接下来，你不需要讲话，也不需要用头脑的念头去想，只是用你身体的直觉和它沟通。你会发现，这远远比你想象的更简单、更不费力，比讲一句话、提一个念头都更轻松。

这种直觉，其实你随时都有。你会发现，意识海是大家共享的，只是过去你透过二元对立的逻辑会认为不可能，也就忽略掉了。

这一来，很有趣，你可以跟一个动物沟通。然后，就有第二个、第三个。接下来，你会发现自己和植物也可以交流。甚至你会发现，未来有许多小孩子，类似我之前提过的水晶小孩或靛蓝小孩都可以和动植物沟通。这样的人本来只是少数，接下来会愈来愈普遍。

其实，和其他文明沟通，和我在这里谈的与动物沟通完全是一样的。

你只是把自己的成见或主观放空，摆到旁边，你如果能体会到动物的聪明或它的特征，也许是频率、螺旋场的速度、扭力，也就把注意力集中在它的特征上。不需要设定什么目的，你最多只是接受——允许它来，允许它跟你互动，并把自己的主观性和抵抗降到最低。

在这种情况下，你自然会有一种像是动物“归巢（homing in）”的本能，把自己的注意力重新定位，就像回到了生命的家，而和眼前的动物或聪明重新联结。

你可能知道，有些人光是看着动物的脚印，就可以追踪动物，还能从动物的脚印体会到动物的状态或是它在哪个方向。这是每个文化的原住民都懂的。

然而，这种追踪的本事并没有什么稀奇。其实每一种动物都懂。无论海龟、海鸥、企鹅还是其他动物，只要去过一个地方一次，它就有能力回到同一个地方，而且是准确地回到同一个点。这种能力，就和这里讲的归巢的机制、重新定位是完全一样的。

这一点，我也只是等着你事后去体会。只是你大概怎么也想不到，这和星际旅行竟然是完全相关的。

我相信你也听过或者看过这样的例子，就是动物对地震、海啸、水灾等种种危险有一种预感，甚至会有特殊的行为。每个文化都有这方面的传说，也有它事实的根据。举例来说，在日本文化的传说里，大鲶鱼是龙王的使者，并和天灾有很深的联结。在福岛地震发生的前一年，当地居民发现许多大鲶鱼从很深的海水游出来，来年就发生了超级大地震，并且导致核电厂发生严重意外。

我在《奇迹》中也提过，2003 年年底，我在泰国普吉岛刚好遇到了南亚大海啸。那时候，我亲眼看到有人被海啸的大浪带走。后来，所有人爬到山上比较安全的地方，发现猴子、鸟等很多动物老早就在山上等着，它们一点事都没有。反而是被人饲养的家畜因为被困住，而失去了生命。那次大海啸的范围很广，印度尼西亚跟印度也有一样的现象，动物都老早有预感，往高处找地方躲避了。

你想想，这些动物怎么会知道？

当然，用科学的角度来说，动物的生命场和地球的场是很亲近的，自然也就有一种直觉，不是去“想”而决定自己要去哪里。反而是人类完全只靠念头、思考的意识在运作，竟然还想用这种思考的意识去衡量哪些动物聪明或不聪明。（当然，从这种角度，才能确保人类“最聪明”。）

从我的角度，其实我们老早就失掉了灵感，不像动物能和生命直接共振。面对地球的变化，最近很多动物的表现值得我们去参考。

无论如何，如果你知道动物可以和你沟通，并且你可以体会到他们的聪明，那么，你这一生打算做什么？

这里，我敢大胆讲，你会脱胎换骨，这一生会完全不一样。不光你的饮食习惯会改变，你不会想吃这些小动物，而且跟这些动物自然有一种同理、一种感情，你会觉得要保护它们都来不及，你也会更珍惜这个地球。

你知道地球和生命是太宝贵的存在，而你和这些生物是共生存、一起拥有这个地球的。既然如此，你还会想破坏它吗？你还可能去虐待其他生命吗？

这些反应，会是自然而然的，并且我相信这种沟通能力随时都可能会在现代人之间浮出来。这其实就是早期的原始人类和原住民拥有的本能，每一个民族都懂，只是我们好像经过了集体的失忆，都忘记了，因此我们现在还需要谈这个主题。

很多人会以为这种沟通是脑和脑在沟通、是透过头脑和念头的心电感应，再进一步可能就延伸成神通或特异功能。然而，我认为这种说法其实不正确。这种沟通其实并不是脑跟脑对话，更像是心对心。

也就是说，这种交流不是用脑的语言去沟通，是一个没有脑的语言，是心跟心在共振，是“在”和“在”的场共存。就好像在沟通前，已经得到了沟通，得到了共识。

这种沟通，在未来会是数不完的人，尤其小孩子，都会有的本能。突然之间，整个地球会完全不同。你会发现，只是我们过去人类以为的聪明是要透过语言进行区分，然而，放开这种人类自以为的标准，你会发现动物其实足够聪明，甚至比我们更成熟，它随时停留在一个“在”的意识场。

这么说，是谁应该主导这个世界？而又是谁有资格主导这个世界？就算是成为世界的主宰，你还会想虐待其他的生命？你会怎么看待这么多在灵性方面比人类更成熟的生命？

这一点，我认为可能对你来说，会是最大的一个发现。

人类体会不到这一点，对我而言，才是最不可思议的。这种交流和沟通本来就是我们的本能，是我们天生就懂的，但我们选择把它忘掉，现在还要绕一大圈，用科学去验证，才能得到一样的答案。（然而，其实从科学验证也得不到答案的。毕竟，它不是透过头脑可以观察到的。）

进入这种沟通，自然为你带来一种喜悦、一种圆满，而这样的喜悦和圆满在眼前的生命就有。我们还不用往外去寻找别的文明，眼前这些宝贵的生命就在等着我们，都想跟我们共振。

我常跟小孩子说，这种跟动物、跟植物的沟通，只要你体会到一次，进入它的“在”，进入它圆满的场，并且知道它的痛苦、对人类的不信任、对大自然的尊重，你的眼泪会流不完，你自然也会对这一生有完全不同的看法。

我们还不需要去接触在外星等着人类的种种文明，光是亲身去经历动物的世界、植物的世界，我们也就脱胎换骨，并完全彻底地改变。这一生所有预设的价值观、个人的成见，也会得到一个重新的整顿。

我常说在这个人间，这样的体会就像是让一个人顿悟一样，可以把整个脑海推翻。光是突然知道有种种的生命就在身边，并且可以随时跟我们不费力、心对心沟通，这种体会的威力，就像地震一样会摇动我们认识自己、认识世界、认识生命的基础。

而且，这是你我随时可以接触到的，并不是遥远的追寻。只是我们大概很难相信，一方面会认为这是不可能，另一方面还会自以为人类的聪明比较高，不需要去接触动物很低的聪明。

当然，说不定你读到这里，就已经对这个题目有不同的看法，可能自己也会好奇，愿意让它们为你点出一个方向。

你也可能突然体会到，只要你对动物的生命有尊重，并且这份尊重是从心里自然发出来的，没有目的，没有任何预期，你会发现动物非常容易就高兴起来，几乎是没有条件的高兴。只要人类不虐待它，它也就

《奇迹》

高兴起来了。

这一点，很值得我们人类学习。你只要看看自己就知道，人类的心理复杂多了，不可能那么容易就高兴。从这个角度，只要和动物接触，就好像随时在教我们一堂生命的功课。你看看，那么单纯的生命，它可以简单、不费力就高兴起来，而我们随时都好复杂，好像根本高兴不起来。

有那么多人，尤其小孩子喜欢接触动物，这不是单纯的巧合。即使还没有办法直接沟通，但光是和动物接触，好像就自然让人可以体会到一般在人间体会不到的部分。无论小孩子，还是大人，自然懂得什么是仁慈、有爱心，并能看到生命的希望，知道生命本来可以很单纯，而不需要我们把它变得复杂。

其实，我们要活这一生，所需要的很简单，不会比动物多多少。你会发现人类所产生的文化、自己认为的需要、以为要有的生活风格，和进入这种状态的圆满与舒畅相比，是一点都不成比例。

你也许还记得我在《真原医》中提过要做感恩的功课，对食物进行祝福。其实，你只要有过这里所谈的和生命共振的经验，接下来，你自然会这么做的。在每一次饮食时，你会停留几秒，给自己一点空间做最高的顶礼。

这种停留和顶礼，当然也就是对食物、对自己的祝福。无论你取用的是肉类还是植物，你都会对食物的来处带着肯定和感谢，自然会想在心里表达“请允许我，为了我的生存而需要取用你。”

带着这种从内心流出来的感谢和肯定，你自然会发现自己吃饱了就不想再多吃、不会嘴馋、也不会像以往觉得非要再吃点什么才满足。你会自然对自己的欲望踩一个刹车。

这种亲身的体会，我认为比我再叮咛一百万次都还更重要、更有力量。很有意思的是，过去只要有机会让小孩子和动物这样互动，我知道他这一生会完全不同。他的价值观、他的行为会彻底改变。

——

这些和动物与植物沟通、和生命共振的经过，我本来没有想写，也根本不会想到要写。一直到这本书在 2020 年 6 月底完成初稿，我都没有想要补充这部分的内容。

但是，在这段时间，我常到小溪旁，感觉到不同的能量场，也就自己做一个实验，在户外和大家分享“每日静心”。每次在录制的时候，都有好多小动物围着我，甚至也有大的动物。它们都好乖，在周遭到齐，有些趴在地上，有些靠在腿上，就好像大家进入一个共同的生命场。没有什么目的，只是大家互相享受，分享自己的生命，一起停留在这个比较扩大的生命场。

对我，本来是不应该在美国疫情最紧张的时候还在做这些事。毕竟，在工作上因应对疫情带来的考验，都让人忙不完了。但是，每天开完会、工作告一个段落，我自然会想去录音，就好像是为了跟这些动物小朋友相聚。

不知不觉，我得到一个很清楚的信息，它们也希望我把这一章的内容转出来。这样的生命场，就好像在为我加持，知道这不会造成争议。

我后来想想，就是为了未来的小孩子，也值得把这些话转达出来。

当然，对偏理性的朋友来说，说不定这些话就是为你才会讲的。毕竟理性是好事，因为你样样会追根究底，样样都要有根据。然而，我非常有把握，只要你在这一生有机会体验到一次这里所讲的生命的共振，你会对自己、对生命有完全不同的看法。

其实，你不需要做什么，只是很轻松跟大自然互动，无论遇到小动物还是大动物，可以很轻松地跟它说“我爱你”“我允许你跟我一起存在，我也希望你允许我。”

就是这种相互的许可，最多只是这样，没有什么目的。

试试看，如果你有一次这样的经验，那么，你本来理性分析的脑带来的转变作用，会比我这里谈的理论都更直接。

你一旦有了这些经验，眼泪可能会流不完。你可能才突然发现自己过去的限制，而明白大自然就像我过去所说的，是你最好的老师，在随时等着教你。

而且，你对地球的转折点这种说法，可能也可以完全接受了。

21

什么是轮回

前面提到超个人心理学，这门学科的用意其实是：生命有很多的层面，没办法单纯用物质来解释。人一般认为有这个肉体，有头脑，然后有心和其他更微细和思考的层面。这些都是物质的层面，也就是理性的头脑认为可以“有”的。从这一点出发，自然会认为任何的健康、不健康、人生的问题，都应该从这些层面找解答，也只能从这些层面找到解答。

然而，心理疗愈的专家在实务上发现，许多症状只用物质层面是无法解释的。弗洛伊德跨出了当时医学理性的限制，从催眠得到灵感，而采用回溯生命早期经验的手法，也的确发现有些障碍是和个人生命早期与父母的关系有关，不只是当下事件的后果。荣格则进一步提出，不只是这一生早期的经验会影响个人，其实还有一些超过个人经验的集体或文化的原型在影响人的心理。这些突破，让几个世代的心理疗愈专家可以继续往前走。

不过，我相信实务的专家都知道，光是从心理的诠释着手，还是不足以解开一些病人的心理障碍。

前面提到弗洛伊德从催眠得到灵感，而在当时的心理治疗工作有一些突破。这个方法后来还是有医师在采用，但通常不是为回溯过去，而是希望透过一些暗示的技巧帮助病人止住长年的不明疼痛，或改变一些带来生活不便的习惯。

你可能接触过魏斯医师（Brian Weiss, 1944—）探索前世记忆的作品。他在 20 世纪 90 年代意外发现了透过催眠会让病人突然进入一种不同的空间，而病人可以说出很清楚的记忆。病人从催眠醒过来之后，一方面有很大的情绪释放、激动流泪，而原本的心理障碍也就解开，对他的心理症状有很明显的缓解作用。

魏斯医师是耶鲁大学医学院毕业，所受的是相当保守的正统的医学训练。面对这些奇怪的现象，他不断地自我检查，一直到他再也没办法反驳这些就是病人体会到的前世记忆，才把这些记录公开。

其实，只要你查，至少 20 世纪 70 年代就有许多科学界的文献和记录，记载轮回和前世的印象，而且各地、各文化都有记得前世记忆的案例。英国的 BBC 频道曾经制作纪录片，去拍摄许多有前世记忆的小孩子，而这些孩子的前世记忆都经过科学性的调查和考证。

许多孩子记得前世，可以从陌生人里一一认出自己前世的家人，所说的前世生活的细节和事实都对得上。有一个小孩子和家人去参加丧礼，一到现场就告诉家人“这是杀我的人，他雇了三个人把我推到水里。”家人一听就发现这是孩子的叔叔的经过。后来，这个小孩子十几岁时“再一次”落到河里死亡。你可能以为故事就到这里为止，然而，它还有后续。几年后，这个家族生出了另一个小孩子。这个孩子说得出自己前世是落水死亡，而还能认出前世的家人和用过的车子。

这样的记忆不见得能一直持续下去，有些孩子年纪再大一些，也就什么印象都没有了。也有些带着前世记忆的小孩子，出生就带着胎记或一些特征，后来发现和他所记得的前世身上的特征是一样的。像是有一个女孩子前世是修女，她的左额角上有一块胎记，就是前世的修女死亡时头部受伤的位置。

这些记录，本身就在提醒我们不要那么理所当然地认为只有眼前的现实存在。跨生命的理解，自然变成超个人心理学的一部分，后来也延伸出情绪回溯、情绪治疗，用同样的方式来解释情绪的结是怎么产生的。有些情绪的困扰不光是这一生或遗传的影响，还可以用轮回来解释。

对亲身经历的人而言，这种前世的回溯可能在细节和印象上会清晰到一个地步，甚至让当事人知道自己这一生的许多习惯、各种不顺遂都可以从更深的层面和前世的经验联结。

我现在回想，年轻的时候当然有数不完的过去的记忆，而当时我也不知道这些记忆是从哪里来的。但是，对我都完全是真的，甚至让我知道这一生很多特性和个人的习气又是怎么组合的。点点滴滴，我都非常清楚。

无论在南美、在亚洲还是在其他地方，我也见过无数个案例。一个人可能有很重的心理障碍，经过催眠或他进入很深的宁静，让他突然想起来某个经过，也就瞬间明白了自己的障碍和过去的关系。

举例来说，他也许总觉得自己受到委屈、特别倒霉，有某个人让他特别难受，总是饶不了他。但是，透过这种回溯，他突然体会到对方原来就是前世被他欺负的某个人，而对方这一生来就是要报复，才会怎么都不放过他。其实这一生的发生，最多也只是一种能量的交换。这种直接的体会，对这个人会是很大的震撼。

我通常会跟这个人说，这时候，可以在心里面做一个原谅的功课——对自己、对心里过不去的那个人说“It's OK.”“我原谅你。”“我爱你。”“我原谅你，也请你原谅我。”“我爱你，愿你也爱我。”

这种功课表面听起来不合理、不理性，但是，当事人心里会懂。而且，只要去做，会有不可思议大的作用，就好像将这个痛苦做一个了结，让破裂的伤口愈合，并带来很深的疗愈。

确实，对头脑而言，这种疗愈的架构不符合逻辑。毕竟现代人采用以物质为主的框架，自然认定只有这一辈子，而不相信有什么轮回。而且，当事人体会到的印象甚至不是上辈子的记忆。从时间来看，不见得能清楚地指出是过去的哪个时代，而这些印象和画面也不知道是哪里来的。定不出时间先后的因—果关系，对头脑而言是太过复杂了。头脑马上会否定这种经验，将心里的感受打折扣，把这个经验挪到旁边，不想从这里延伸出轮回这个主题。

然而，从这几十年来的发展来看，人类意识的转变是可能的。现在的人接受不了的，不见得未来的人就接受不了。

这里谈的超个人心理学、轮回、前世回溯，很可能会成为主流。无论现在的人认定的主流是什么，你会发现有太多人有心理的障碍、创伤、有过不去的门槛。对许多人而言，只有这样的切入方法可以帮助他从更深的层面得到一些疗愈。

然而，我也要坦白说，你要用很中立的态度自己多听、多看、多研究，不需要马上认定有轮回或没有轮回。这种辩论是不需要的，对任何人都没有帮助。你唯一能做的，也只是自己去体会。

更何况，你其实不需要去追究是不是有轮回这回事，光是从超个人心理学和前世回溯的疗法，确实可以看到相当清楚的疗愈效果，这就够了。

一般人会认为 DNA 是生命的起始，但是，在 DNA 之前的，是什么？这一点，从超个人心理学的角度会愈来愈清楚，而有一天会成为一个完整的科学。当然，这种探讨还是在相对的层面。不过，只要再追根究底下去，早晚要进入唯识的层面来谈。

我们在这个人间的生命其实是多个层面、多重元素、多种力量的组合，有时候，生命受到很大的冲击，确实让人感到自己的生命好像有一个东西破裂、堵塞、被框架起来，反映在心理上就是总觉得这一生好像少了什么、萎缩或有什么创伤。无论这种创伤或障碍是怎么来的——是不是轮回、是不是前世的作用，但许多心理疗愈的专家已经意识到，跨层面的回溯好像是整个疗愈很重要的一环。无论透过什么机制，它都确实可以帮助人从创伤走出来。

如果你愿意打开心胸来验证，在你很安静的时候也可能突然能够亲自体会到。这些记忆和画面，就算别人不重视、不相信，但对你是很熟悉的。这一点是最重要的。

有时候，也许你去朝圣，或是到外地，你会突然体会到一种不知道怎么解释的亲近感。甚至，可能在脑海中浮出一个画面，而你不知道自己怎么会有这些画面。其实，这样的片刻也只是你突然有了一个跨维度的记忆或经验，并且都是好事。

从这些经验，你会发现没有什么是偶然的，而这一生没有任何事是随机的发生。在人间，样样全部都有安排。

是，在这个人间的层面，确实有因—果，而因—果确实不完全在眼前这个肉体的作为，而还在更深的层面，也不是遗传可以解释的。

这个更深的层面，你要称它是轮回还是别的名称，从我的角度来说，无所谓。毕竟，站在唯识，这个层面还只是人间的一种运作。但是，话说回来，在人间的轨道，假如你认为真的有“人”、认为这个人间是真的，并且认为有必要去追查这些信息，那么，当然也就有轮回，也是值得去追究的。

当然，站在唯识，无论轮回与否，全部都是一个梦在延伸下一个梦。对做梦的人，当然还是真的。但从整体来看，哪一个梦都靠不住。一个人如果是轻轻松松站在唯识的状态，也就把这里的辩论全部推翻了。

但是，在没有把这个世界的重要性推翻前，我认为轮回的观念还是相当重要。毕竟一个人只要有过很清晰的这种印象或画面，对他是会带来脱胎换骨的转变。就好像突然把他从人生这个封闭的系统拉出来，而从一个更高的层面看着过去、看着自己这一生的痛苦、看着种种的经过。他会明白，在更深的层面有一个蓝图、有一个更全面的解释，是他过去没有也想不到的。

这样的经过，我都会称为是“转折点”，而从我的角度来看，都是好事，都是把人间的坚实性摇动、看穿，都值得让我们做一点探讨，至少不要排斥。

——

和前面谈动物的沟通一样，我本来也不想碰触轮回这个主题。毕竟，我透过《转折点》原本要探讨的是一般人眼中理所当然的现实，是可以透过左脑理性的追查去推翻的，倒是没想谈超个人心理学和轮回的主题。

但是，我也认为，现在地球的转变力量是如此巨大，我不可能到了这个关键还要对你保留，这时候，也只能实话实说。

这段时间，我在户外，和动物朋友们交流，停留在它们的空间。在录制“唯识的每日静心”前后，我都跟它们在一起，这是我一天下来最享受的时刻。它们的“在”，是我的“在”。我的“在”，是它们的“在”。是生命场在互相支持，不需要语言，也没有语言去理解。正是它们的鼓励和打气，我才有勇气把这些关于轮回的话描述出来。

只要你有一次这样的经验，不管在哪里发生，就会明白它完全不是你用头脑去思考、去追求的。它是一种很放松、停留在“在”的意识前的状态，而且是自然会来到的。

只要你有一次这样的体验，我非常有把握，你就会突然知道：全部生命系列，包括这本书，所讲的都是真的。

然而，我也希望你不要认真去追求这方面的信息，毕竟它也可能变成头脑和逻辑上的一种陷阱，而让你在里头又转不出来。

最后，要记得，站在唯识的角度，全部这些最多都还是幻想。

这些幻想对我们存在，因为我们认为这个身体和这个世界是真的，最多只是这样。但无论如何，我相信，只要你有过这种体会，你对这个世界的看法就会突然不一样。

就好像你已经落到一个更深的轨道，随时等着跟这个地球一起转变、一起翻身。

22
文化的跨界

读到这里，你可能还是会认为不可思议。有时候你也难免质疑，认为这一切跟你平常透过新闻所建立的现实不太符合。对你，有些事是理所当然，是大家的共识，就像《圣经》一样没有质疑的空间。

当然，我过去透过《真原医》和相关的演讲，其实也就在挑战这种所谓的共识。我当时不断指出，人类几千年来的医学，其实强调的都是人体健康的重要性。一直到第一次世界大战时，同类疗法还是西方医学几千年来的主流。同类疗法的医学，关注的是人的体质，病原体的致病力并不是唯一的重点。

但很可惜的，在发现青霉素后，医学的注意力完全转向病原体，而忽略了病原体和人体的互动，更别说关键其实是人体本身的状况。我在《奇迹》中提过的一位得到两次普利策奖、很早就发现抗生素的老师杜博斯（René Dubos）就认为，虽然抗生素能有效杀死病菌，但一个人的体质就好比土壤，假如土壤很肥沃、很健康，那么，就算有病原体入侵也不见得会生病。

然而，近百年来，透过抗生素的成功，西方医学的焦点确实是落在病原体上。包括现在人类遇到 COVID-19 的疫情，也自然把注意力摆到病毒的致病力，而不会去重视人本来的健康。

几十年来，我在全球各地不断推广预防医学。早期，这个领域就像是沙漠。最多是各家的理论自说自话。当时，我最多是透过《真原医》做一个完整的整合，包括进一步从念头和情绪的层面来看疾病。

一开始，无论医学专家还是一般人，都会认为“真原医”所谈的全人健康是另类的医学，甚至会认为是根本不存在的一门观念。没想到，还不到几十年，你或许也发现了，全球的医学已经往这方面发展，除了最先进的“体学—omics”，包括基因体学、蛋白质体学、代谢体学所希望呈现的生理的整体，而现在还会从心理的层面、甚至灵性的倾向来解释疾病的发展。人们谈论疾病和健康的风潮已经转变。大家开始认定，一个人要健康，真正重要的还是个人的体质，无论免疫、代谢还是内分泌都要平衡地运作。平衡，已经成为健康的重点。

一门在几十年前还不存在的学问，现在已经成为健康的主流。反对的人愈来愈少。毕竟没有什么理由可以反对，最多是从过去强调单一变量的逻辑，来理解一个多变量更大的系统，确实不那么容易。不过，对我来说最不可思议的是，人类要用这么多比较“先进”的工具才能证明古人早就知道的常识、来确认什么叫作预防医学。就好像透过这些研究和发现，才允许本来就有的智慧有一点存在的空间。

这方面的实例是数不完的，如果我要一一写出来，可能会写成一本百科全书。当然，对某些朋友来说，这样的书可能会很精彩，因为包括了另类的能源科技、另类的材料科学、另类的交通系统、种种丰富而另类的知识。然而，只要谈下去，你就会发现这些所谓“另类”的事实其实一点都不隐蔽，而是再明显不过。它们好像老早就在等着我们发现，而不会让你觉得意外。

我再顺便举一个实例来说明。这一点，或许你也早就发现了。

我刚从巴西到纽约去读书时，灵性的资料很稀少，我在巴西根本就不可能接触到。没想到，到了美国，西方文化对灵性的兴趣正好刚起步，也就突然涌出相当丰富的材料，大量地从中文或梵文的经典或佛经翻译出来。对当时的我，是再享受不过了。

很长一段时间，西方的年轻人都往神秘的东方去追寻人生的答案。好像东方谈的，无论什么都比较合理；东方的经典，愈古老的也愈受欢迎，并自然渗入当代知性的追求。这也影响到20世纪六七十年代的文化和灵性发展。反过来，当时的东方世界也是一样的，不断吸收西方文化的养分。不光是经典、包括当代的文学都很快就有译本流传。

这么讲，好像东西方是双向平等的交流。但事实并不是如此，近代的交流其实是更以西方的文化为主，而东方世界在积极复制西方的科学和制度。不光华人社会是这样，整个亚洲都是如此。就好像西方的一切更有代表性、更可靠、更值得学习。就连亚洲人的志向、理想和抱负，都要用西方的角度来衡量才算数似的。

这种倾斜，就好像我们承认自己的文明是失败的，需要做一个大的修正。不光在教育的层面，我们认为该采用西方的标准来衡量；就连文学和艺术层面，也自然认为西方的文化比较优越。东方不光是生活方式，就连服装、审美、礼仪都往西方靠拢。

不过，还不到几十年，你可能发现风向又转变了。这自然让你、让我发现西方社会的架构不见得是最完美的，也有很多阴暗面，跟过去所想象的不同。

这一点，也很值得探讨，也促使每一种文化要走出自己的一条路，而不是只守住单一的价值观、只看单一的层面。无论从历史、文化背景还是人民的特色来看，本来每个地区就不同，不能一以蔽之。没有哪一种文化是万灵丹，可以用在每一个人身上。

渐渐地，西方人也发现在灵性的层面，自己不见得输给东方，倒不见得非要到遥远的异国朝圣、从充满东方情调的老师和团体得到各种神秘的法才能修行。其实，意识是普世皆同的本质，表面的形相并不是重点。各种充满异域特色的仪轨和教法，最多是当地文化和习惯的产物，只是在文化和时代的距离下显得特别有吸引力。

这里谈到的东西方文化的跨界以及后来风向的转变，这个过程不晓得影响了多少人。如果你曾经经历过这一段探讨，你或许也可能突然明白：最好的朝圣，其实是往内转，往心投入，而不是从文化、生活习惯、地点去着手。

当然，说风向转变其实并不精确，比较正确的表达是：物极必反，所有的趋势也只是循环的一部分。人间的现实往某一边偏得久了，自然会转个方向回到另一边。这样的循环周期，有些大概几十年，也可能甚至是几百年。只需要经过几个世代，潮流早晚又会重复自己过去的脚步。

类似的循环，好像每一个家庭、社会、文明都会经历。只是我们更熟悉华人的历史，而历史记载也够久长，好像可以很明显从这种循环看出一个趋势。然而，西方的历史虽然比较短，但从这样小一点的范围，其实也可以看出这样的周期。

有意思的是，在潮流当中，各种转变对当时的人会相当有意义。我相信，只要经过20世纪七八十年代的人，都知道我在说什么。从生活形态、发型、服装、配件，当时的流行和风潮会让我们觉得再自然不过，如果不那么做才奇怪。但时间久了，现在再回头看也自然会惊讶，说不出哪里不对劲，只能说想不到当时为什么会认为这样才好看、这样才合适。

但改变的，其实也只是你的基准，最多也只是审美的观念。

现在最可惜的就是现代人以西方为主，无论穿的衣服还是打扮的样子都向西方看齐。就连对东方圣人的认识，也竟然要透过西方的翻译和推荐，才会落入大众的注意。一般人会认为风水是迷信，但你只要去观察，就会发现古人的敏感度是全面的，不像现代人有各种理性的障碍。举例来说，看来没有规律的聚落或建筑，从气的角度来看是流通的，这就是风水的奥妙。而我们要等到西方能够接受，才愿意正视它。

华人采用的农民历是阴阳合历，也就代表华人的老祖先老早就懂，除了用太阳的周期来指引农业的运作之外，也要考虑月亮对地球上的生命的影响。这种整体的理解，或许我们又要等到它进入西方的主流，才能懂得尊重和珍惜。

包括医学也是一样，穴道、脉轮、中脉，即使有上千万年体验的验证，但西方的专家因为从解剖看不到就认为没有，而我们也宁愿采用西方的观点而认定它不科学。即使随着工具的发展，现在大多数的专家会承认是真的有穴道，也接受透过穴道去调整是可以有健康的作用，但西医还是对中医有排斥的看法。

许多古人的观点，从西方的角度会觉得不科学。然而，最不科学的，其实是西方的这种唯物的态度。是这种自以为优越的观点，才会让文明只在一个狭窄的范围发展，并让全世界都跟着绕了一圈才回来。

我这里想表达的是，样样都是相对的，任何真理都是相对的。因为是相对的，它随时会偏移，跟着自然的周转，移向另外一端。

23

统一的趋势

谈到东方和西方文化的跨界，我相信许多人，都可以从个人经验的层面来谈。华人和其他民族一样，都会有移民现象。像我个人是很小的时候从中国台湾到了巴西，而在很年轻时又到了美国，后来才回头接触亚洲的文化。

每个人都一样的，在接触新的文化时难免会带着很多期待。也许是听别人说、从书上读到一些描述，而觉得新的地方应该会更好。但是，一旦到了当地生活，实际接触得更深入，也自然会发现和理想有很大的差距。

就像很多华人到美国的社会，也会开玩笑说“百闻不如一见，见面不如闻名”。一般人看美国，会觉得它代表平等和自由，就像当年许多移民怀抱的美国梦。但只要再深入观察，就算自己没有遭受到排斥、没有体会到融入社会的困难，也自然会发现这个社会还是有许多不公平和不平等，跟原本的期望当然有很大的落差。

这些，我相信是每一个移民都可能体会到的。也许，你就有丰富的心得。

只要你留意观察交流的趋势，就会发现这几十年又不太一样了。文化间的差异或融入的门槛好像愈来愈低。没有错，频繁而密集的交流，本身就会冲淡文化间的差异，自然让全世界就好像一个地球村。

即使有一些局部的反弹，例如有些群体会封锁自己，不和外人交流；但是，从整体的需求来看，这多半只是短暂的现象。长期下来，人类还是希望能够交流、能够分享的。这个时代的信息流动，也自然会配合这个趋势。

这种互相的交流，可以让人类省掉很多时间。过去，对一个民族，如果我们感到好奇，可能要花很多时间去接触、去相处，才可以得到比较完整的看法。但是，在这个时代，这么做所需要的时间已经大幅减少了。到下一代或下下一代，文化之间的差异可能也就成为过去式，不会再是我们想了解的重点。

谈到世代的变化，也有人用美国社会变化的实例，归纳出四种世代在性格上的原型。比如说，战乱之后，整个社会正在复苏，气氛是乐观的，也讲究团结，在这个环境下长大的第一代总觉得对一切都能看得很清楚，很有方向感，也强调秩序。再下一代，对长期强调外在秩序的气氛感到反弹，而更重视个人的生存和自主。再更下一代又反过来拥抱秩序，喜欢团结，但是会以一种更温暖更人性的角度来进行。第四代则显得安静，不那么强势，比起强调权威，会更重视协调。

很有意思，就像许多人在成长过程中会告诉自己绝对不要成为父母的样子，你也可以从这里归纳出来的世代原型体会到，下一个世代的倾向自然会往另外一边偏，而再下一代可能又会偏回来。透过这种世代来来回回的动力来看美国近代的历史，可以看出一个以四个世代为周期的循环模式。一个世代约当 20—25 年，四个世代加起来差不多是 80 年至百年。这种从世代动力出发观察到的现象，是很有趣的。华人都知道物极必反的道理，这一点，在美国的世代差异也说得通。

我之前在《神圣的你》中提过荣格的16种人格分类，也提到每个人都可以被分类到其中一个类别。这一点，对很多人来说不可思议。我们都会认为自己的性格是独一无二的，没想到竟然离不开16个小框框。

同样地，这个世代循环的理论也是指出同一个道理。我们一般以为自己这一生活的是自由，但没想到自认为的自由、自己所做的决定，其实还是落在一个循环的框架里，而是受到小的外在环境（例如上一代的教养）和大的外在环境（整个社会的集体潮流）所制约；甚至，人类和地球是不可能不受到太阳、星际、宇宙辐射变化的影响。这方面的影响，我在前面已经探讨过了，这里不再多谈。

你或许会惊讶，这种注定的力量，其实远远比我们各自认为有的自由的意志影响更大。人类受到种种的注定，也就好像形成一种前面提到的群体心智。这个群体心智（你也可以说是集体潜意识）受到各种力量的摆荡，也就跟着环境一起转。

你应该也观察过，有时候群体会突然变得很情绪化、很激动，这种变化是怎么来的？如果遇到大规模的天灾，整个群体不光是生存受到威胁，连情绪也跟着有很大的转变。在世界处处都有冲突和矛盾的时候，个人也难免更容易被激发而受到影响。一层又一层的作用力激荡开来，透过这个群体心智所运作的力量，其实远大过于个人自以为有的决定和选择。

也正是因为如此，时代变化的力量，自然带给你我很大的考验。这时候，能不能守住心，对你我而言会是最重要的。

人类经过一个个的周期和循环，一定也会学到一些功课。就像经过文化的交流，自然让差异变得不再那么明显，而不再成为注意的焦点。有意思的是，这种文化和文化、理念和理念间的平等性，自然会让我们将人生价值的追求转向别的层面，也就这么往内心走，而不会继续往外在的层面寻找答案。

就好像连现在全世界这么密集的交流，都在准备你我进入另外一个生命的轨道。你我心里会愈来愈明白，怎么样的发展是有益于人类整体，而哪些作为又只是开倒车。

因此，你自然也会有一种急迫感，希望地球尽快演化到一个和平的阶段。同时，我相信你也希望可以扮演这个和平的角色，最好是成为关键少数的其中一位。

24

宗教的冲突

谈到平等化的趋势，你也可能已经发现，人类竟然到了这个年代还有宗教的冲突。

这方面的冲突，你早就明白完全是不合理、不可思议的。我们一起走到这里，你也老早就知道，最重要的本质——意识或心——是每个人都有。既然如此，又有哪个法可以声称它有独门的地位？如果还要说透过某个法、某个门派才能得到解脱（古人用梵文称为 *mukti* 或 *mokṣa*），这种话也不过是继续混淆自己而已。

你明白了这个关键的道理，自然也会选择不去介入这种冲突。而且你只要去探讨，就会发现过去的大圣人没有任何一位会说他自己的法是人类唯一的救赎。就算有过类似的话，最多只是为了配合当时听众的聪明或接受度所讲。他们所谈的，用“全部生命”的语言来讲，也只是强调进入一体、心、主是唯一解脱的蓝图。当然，你也明白这个蓝图是每个人都有的，甚至就连无生命的存在都有。

我之前常半开玩笑，假如你把所有宗教创始的大圣人都邀请到同一个空间，让大家共聚一堂，你可能会发现他们每一位都很自在、很快乐，而他们的互动自然充满着爱、包容和欢喜。但有意思的是，大圣人们只要前脚才跨出去，他们的弟子（也就是一些自认为懂这些大圣人境界的人）大概就开始看彼此不顺眼，甚至可能就争辩起来，完全失去了这些大圣人的境界。

这不就是你在宗教随时可能看到的现象？持平而论，这些自认为是弟子的后人，是相当认真想跟大圣人学习的。他们只是不懂大圣人的境界其实超越人间的限制，并不是用人间的逻辑可以去框架的。

你也可能自然发现，这些大圣人并没有亲手留下记录。对他们，有没有记录、让多少人听到这些话，一点都不重要。是大圣人的后人去整理、去弘扬，才有了后来的人所知道的宗教。

谁都没想到，也就是这些自认为是弟子的人，接下来可能会以宗教为名义，做种种不妥当的事——审判、惩罚、处决人的生命、引起人类的分裂和战争。你从历史中可以知道，这样的撕裂，激烈的程度就好像要连地球或民族都一起毁灭。

无论你谈不谈，这样的现象确实存在。面对这种霸道和野蛮，你完全无言以对，只会觉得不可思议。

这类宗教的冲突还是比较具体且明显的，你再仔细观察，就连民族的差异、文化的不同、风俗习惯的反差、各种理念的分别……随时都可能在世界各个角落引发冲突。会去重视这些区别，可以说是再幼稚不过，而最多也只是反映现在的人心容不下一点点差异。

虽然这么讲，但其实你我自己就要留意，一不小心随时会落入这样的陷阱。你可能在不知不觉中，对某个民族、某种文化、某个观点、各种理念产生一种排斥、歧视和偏见，而可能不断地想争论、想证明自己是对的。

当然，这个年代还是相当不同，信息足够透明，只要你愿意，面对这些差异，你全部都可以试着看穿。毕竟，光是从知识的层面切入，你自然会得到一个不同的看法，也自然会发现所谓的对错最多是主观，而且往往还是扭曲的。

回到宗教的追求，你现在或许也明白，信仰其实是自己的事，是你个人灵性的道路。虽然现在这个时代，就连这方面，你都可以接触到许多文献和数据，来确认你个人的领悟。然而，你也体会到，这些数据也没有绝对的重要性，最多是可以拿来作为参考、帮你验证、给你一个指南针，引领你走这个没有别人能取代的旅程。

只有这样，你才可能从宗教、文化、社会各种框架里，彻底地脱身。

25

回归自然

虽然我们现在发展到一个快速的地步，生活里好像根本少不了网络、少不了手机。但是，只要你查就会发现，现在全球各地有相当比例的人，他们要不生活在偏远的山区、农村，还停留在过去的生活形态；要不就选择从都市生活回归自然，宁愿过着没有电、没有自来水的生活。甚至有些人是住在地下、山洞里，几乎和现代文明隔离，可以说就是活在大自然里。

假如你跟我小时候一样，你可能会好奇，为什么有人会想这么做，他们又要怎么生活？现在的生活这么方便，随时都可以取得想要的物质和信息，这种日子应该是每个人都想要的，怎么会有人想要避开？是怎样的心情，才会做这样的决定？

特别到现在，你不光会认为自己随时需要社交媒体、通信软件、新闻、网络、手机和各种娱乐，更不会想到一个没有水、没有电的地方，紧靠着大自然生活下去。这种生活早就离你很遥远了，更别说去过这种日子。

然而，只要你开始留意，你会发现各地都有这样的人，只要你和他接触、读到他的经过、看他的脸孔、跟他讲话，就会知道这样的人通常很稳重，甚至可以说是很成熟，对自己、对环境、对地球都是相当友善的生命。最重要的是，他过得很快乐。

这一点，我认为值得大家参考。我个人除了工作时间必要的沟通，周遭没有电话、没有电子设备、没有电视、没有收音机。工作以外的时间，其实什么都没有，整个晚上是跟大自然接触。就算有一点时间为“全部生命系列”录音或口述，也是在户外比较多，随时跟大自然在一起。就好像大自然在不断地呼唤我，要我随时回到它那里。

我过去也常带小孩子过类似的生活，当作一种练习或度假，就是希望他们体会到生命还有另一个层面在等着他。

你也可以试试看，遇到周末或假期不一定要去娱乐或度假，而是到农村或山上过夜。现代文明的步调到了这些地方，似乎也放轻、放慢了它的脚步。到了晚上，你不需要习惯性地打开电视或手机，而是把这些设备摆到一旁，听听夜鹭、猫头鹰、蟋蟀、蛤蟆、青蛙的声音，让自己早上在鸡鸣而不是手机的闹钟声醒来。如果你刚好有失眠的问题，或许就这样得到了一次彻底的转变。

步调慢下来的简单生活，或许一开始你可能会不习惯。但如果你放松自己，有过这样的经验后，可能会在不知不觉中上瘾。相较之下，你会发现现代社会的步调特别快，而且是快到一个让人停不下来的地步。这种速度自然造成一种压力，让你无论在脑海的观念还是感受都踩不了刹车，随时跟着像水一样流下去，怎么也流不完。

然而，在一个截然不同的环境慢下来，你会发现你突然踩了一个刹车，并且可以体会到自然里的声音。这本身就是一种相当新鲜的经验。

你自然也会发现，即使没有太多东西，一个人仍然可以过得很好，甚至是从来没有过的舒畅。想到人为什么会想回归自然，你现在可能开始有点懂了，甚至可以体会到他心里的满足感。

你可以明白，也许一天24小时完全接触不到人类、没有文明带来的舒适、没有电子设备带来的方便、没有那么多消磨时间的娱乐，但他反而好像有很清晰的人生方向，心里知道这就是他最想要的。

一般都会说生命是一趟旅程，也就好像还要从哪里出发，而还有一个目的地要抵达。但是，对这样的人来说，他还要从哪里出发？还要抵达哪里？都在他正在生活的这里了。

你接触到这样的人，尽管他并没有打算用他的生活方式来说服你，但是，自然会让你对这一生有一个反省。你或许会发现，生命并不需要有一个具体的目的。

华人的文化一直都有很强烈的目的性，这种在现代会称为实用主义或功利主义的特色，我相信我们随时都在其中。我们不光自己从小被教着要讲有用的话、做有用的事，一生中也会不断提醒自己、总是在问自己来这一生做什么，更是随时要提醒下一代样样都要有个目的。总之，任何努力、任何作为甚或不作为，都是为了达成某个目的。

但是，假如你深入自然和生命的本质，自然也会开始反省，究竟是为了谁而去符合种种目的？究竟是为了什么，这一生随时都要妥当地处理事、妥当地讲话、妥当地活着点点滴滴？究竟是谁在看着你活？

确实，亚洲的文化最讲究这种精神，就像把生命当作旅程，随时要往目的地前进，而且最好采用最短的路、用最快的方式抵达。为了能抵达目的地，样样都要妥当，就连你的每一个动作、每一个念头都要符合目的，最好是能帮助你在经济或社会上达到某个地位。

这种观念可能已经根深蒂固到了一个地步，即使你懂得这里所谈的道理，也可以说给别人听，但你可能还是离不开一个“动”“旅程”的观念去进行，并随时要让自己再去抵达什么。

我们都是这样活，无论活得是否满意，但总是习惯了这种随时带着目的的感觉。但是，你看到这些表面上没有目的的人，他所活出的满足感，却好像是你我想也想不到的境界和状态。

这种反省，自然会让你想要停下来问自己：是谁，想要达到什么目的？达到了这个目的又如何？是为了经济？还是为了快乐？

当然，经济的需求是重要的，毕竟人的生活总是需要物质的支持。但是，你一定也会想到，一个人又可以用多少？有多少需求？你也会想到，现代生活快步调的要求，永远没有满足的一天。毕竟只要达到一个目标，你在这样的步调下，自然会去设定更多目标。永远有尚未达到的目标，这种追赶不完的旅程，自然会让你愈来愈不愉快。

当然，谈这些，可能会让有些朋友感觉不实在。毕竟他一生所接受到的也就是这种强调目的、实用为主的思想，如果脑海已经僵化，也很难再改变。然而，这方面的观察与反省，只要你打开心胸，反而能让你的头脑得到一个全新的起步，并对生命有完全不同的看法。

我也必须坦白讲，华人在全世界占了几乎 1/5 的人口，但是除了在经济方面有点进展、存钱的速度比其他民族快之外，在艺术、发明、各种创新真正有突破的，却是相当少见。

这种缺乏突破的情况，在我看来，主要也就是因为不断要求达到目的的文化。小孩子上学，不是为了打开对自己、对世界的认识，而是为了取得分数，达到某种成绩，最好是满分，压倒所有人。

华人在背诵和重复既有的知识方面，大概没有别人能赢得过。你当然也知道自己和同侪在学校里花了多少时间背诵和抄写，而样样都被要求有个目标、有个目的。一般人都要求动作要快、要一致化，要符合“大家”的标准。就连一般人所谈的培养兴趣，也还是带着功利的目的。喜欢音乐，必须成为有名且能养活自己和别人的音乐家；对视觉的美的感受，就要往成为名画家的路前进。这种僵化的过程，把我们的创意都锁住了。

其实，放过所有的目的，包括把这一生要抵达哪里的观念都丢掉，为兴趣而培养兴趣，才可能把人心中的创意解放开来，让每一个人发挥真正的潜能。这么做，或许反而能够在某一个领域得到更大的成就，甚至超越人类的极限。

我等着有一天，亚洲的民族尤其华人可以懂得这些话。倘若如此，那么人类的天分会得到很大的解放，在各个领域都可以发挥，并不一定只锁定在经济上的一点成就。想通了这一点，你我也不见得要求自己的孩子进最好的学校、要比别人的考试成绩更好，而是反过来宁愿孩子在创意和人文方面能更深入，成为一个稳重、有自信而快乐的人，而不是随时紧紧张张、担心犯错。

到时候，华人才真正能发挥自己的能力，而甚至可能恢复唐朝文化达到世界巅峰时的信心和成就。

26

人生的转折点

玻姆

前面在谈能源的问题时，我提到跨层面或跨维度才是真正的重点。我也提到小时候在巴西家里的藏书读到特斯拉和麦克斯韦的作品。其实，当时我还注意到另一位专家，也就是玻姆（David Bohm, 1917—1992）。他是少数能够真正跨领域的科学家之一，从物理到宗教那么大的跨度都相当有成就。玻姆带给我很大的冲击，影响甚至比特斯拉还大。这一点，反而是我后来很少提起的。

玻姆投入物理研究的年代，是量子力学和相对论这两个物理学新兴领域才刚诞生没多久的时候。诺贝尔物理学奖得主费曼（Richard Feynman, 1918—1988）提过，玻姆是他心目中最聪明的人。他们后来在巴西也一起待了一段时间。

玻姆是奥本海默（Robert Oppenheimer, 1904—1967）的学生。奥本海默是那个年代的奇才，虽然是物理学的专家，却是相当博学多闻，对文学和哲学都有涉猎。他的学生有许多人会效法他的作风，用原文朗读自己正在读的文学作品，表示自己接触的是第一手文献，而不是只能读经过翻译的资料。

美国在第二次世界大战期间，生怕德国更早做出可能有绝对伤害力的原子弹，就想组织专家来研发原子弹的制造。当时，美国政府请玻姆的老师奥本海默来主持这个计划，而为了保持绝对的机密，就把研发基地设立在了荒凉的新墨西哥州洛斯阿拉莫斯。

当时，在爱国心的驱使下，包括费曼在内的许多优秀物理学家都愿意放下一切，几乎是在半失去自由的状态，到洛斯阿拉莫斯专心研究原子弹。但玻姆因为先前的政治记录，即使他是奥本海默的学生，在电浆物理也有很好的成果，是公认相当优秀的物理学家，他还是没有被邀请加入洛斯阿拉莫斯的团队。当时他还很年轻，到普林斯顿大学，也自然让在高等研究院的爱因斯坦注意到，两人在物理学上有很密切的讨论和互动。

那个年代，困扰整个物理学界的一个问题是：从物理学家波耳、薛定谔手中诞生的量子力学，和爱因斯坦的相对论一直不符合。量子力学主要奠基于从“双狭缝实验”得出的“波粒二象性”，也就是物质的行为在某个尺度下显得非常不确定，好像既是粒子又同时是波动。

双狭缝实验，是20世纪唯一一个可以推翻牛顿力学的单一实验，而奠定了量子力学的基础。科学家透过这个实验发现，一个粒子快要接近一个小缝时，突然会变得像波一样。为什么会知道它变得像波一样？如果只打开单狭缝，呈现出来的是一个主光带和两边比较暗的边光带。在打开两条缝时，底片上却出现了许多小干涉条纹，而干涉是波才有的行为。

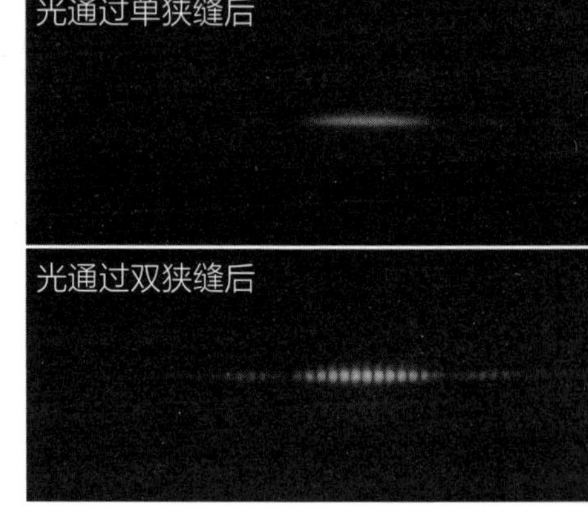

但是，双狭缝实验也很有趣，只要我们在小缝前摆一个小金属或一个侦测器，光是这么做，也就好像观察者希望它还是一个粒子，那么，它就不会展现出波的干涉性质，看起来还是一条光带。

前面提过，爱因斯坦说"上帝不会拿宇宙来掷骰子"，也就是对他而言，没有什么不确定好讨论的。然而，玻姆则认为可以将量子力学和相对论结合起来。哥本哈根诠释是一般认为量子物理的正统说法。玻姆在普林斯顿的时候想进一步说明波耳的哥本哈根诠释，但没想到怎么都解释不通，也就干脆自己写了《量子论》（*Quantum Theory*）。我在巴西还不到十岁时，读到的就是这一本。

我发现玻姆的这本书和其他物理的作品完全不同，一般读数学或物理的作品，都会在脑海带来一种压力，就好像要紧紧守住一个范围才能往下读。然而，玻姆的作品却让我的脑海完全打开，进入一种不晓得怎么表达的状态。他的《量子论》对当时的我而言，是对量子力学最清楚的一个诠释。

玻姆的思想相当有深度，不只反映物理学的思考，而还有一种生命和灵性的味道，因此和爱因斯坦有共同的语言。爱因斯坦也说，玻姆就像他灵性上的儿子（spiritual son）。但尽管如此，爱因斯坦并不是很重视玻姆在物理学的研究成果。接下来，美国麦卡锡主义抬头，政府开始调查学者的政治立场。在此期间，玻姆甚至被逮捕，还被要求指证哪些科学家可能危害国家的安全。后来在美国宪法第五修正案"不自证己罪"的原则下，玻姆得到释放。但他没想到他的老师奥本海默反而指证了他。

奥本海默的做法让人很难理解，一方面指证了玻姆，另一方面又建议玻姆最好离开美国才安全。那段时间，玻姆没办法得到任何大学的教职，即使有爱因斯坦的推荐，仍然没有机构愿意聘用他。他只好离开美国，到巴西圣保罗大学教书。

他到了巴西后，在1952年发表了一篇论文刊登在《物理学回顾》，用“隐藏的变量”重新诠释了量子理论①。我大概十二三岁时，有一个夜晚在图书馆读到这篇论文，当下感觉脑海完全是打开的，是通的。但我再进一步去查，完全出乎我的意料，这篇论文竟然没有引起任何物理学界的注意。既没有好评，也没有差评。

后来，我才读到当时的经过。玻姆日后发现是奥本海默召集了物理界的同侪，一一询问大家能不能找出他这篇论文的缺点。然而，没有一个人能举得出缺点。于是奥本海默说“好，那我们就忽略他。”要大家冷处理这篇论文。

在这篇论文中，玻姆用“隐藏的变量”提出另一种量子理论的诠释，也提到这个宇宙其实含着很多变量，然而这些变量是隐藏起来的，我们站在三度的空间意识不到。虽然看不到，但还要用“隐藏”来描述，也就是表明这些变量还是存在，并且可以决定量子或电子的位置。只是，这个机制是我们不知道也永远知道不了的。

说到底，真空不是空的，即使表面看来的空，也只是它不透露自己。就像我们说暗物质，虽然看不到，但并不是没有。

玻姆一生相当不顺。他原本认为科学是一个单纯的领域，当一个科学家应该是为了帮助世界、为大家做一点服务和贡献。但他发现现实并不是如此。他的老师奥本海默不光去制造原子弹，对他这个学生的排挤，也远远超过了科学的范围。

---

① 虽然我在序中提到这本书并不打算采用一般科学或信息书籍的体例来引用参考文献，毕竟这本书是希望催化意识层面的转变，并非再带出一套完整而详细的知识。然而，玻姆这篇作品的重要性是超过一般人的想象，是这样的作品，让当时的我脑海完全打开。为了向他致敬，在这里我希望特别将这一篇论文列出来。

Bohm, David. "A suggested interpretation of the quantum theory in terms of 'hidden' variables, I and II." *Physical review* 85.2 (1952): 166.

虽然有这样的经过，从另一个角度来看，玻姆这一生其实是充分地利用了这些打击和困难，自然进入更深的领域，也就是用哲学来谈物理。这种心情，我是完全可以理解的。生命本来很单纯，但这个大家所认为的现实却相当复杂。也因为如此，更让我感觉到一种急迫感，要和世界分享我认为颠倒的种种看法。

对我而言，这些困难是玻姆生命的转折点。也因为这些转折点，玻姆的成就和一般的物理学家完全不同。

27
非局部性

人生接二连三被出卖的感受，自然让玻姆想从更大的范围来看这个世界。因此，他一方面从物理的封闭系统跳出来，另一方面也从美国移民到巴西，接下来到以色列，再到英国，后来和来自印度的哲人克里希那穆提（Jiddu Krishnamurti, 1895—1986）[①]来往很密切。

早在他们认识之前，克里希那穆提在作品中反复强调观察者和被观察者的架构，对玻姆已经有很深的影响。对玻姆而言，也就是没有哪一个发现能独立于观察者而单独存在。他和克里希那穆提的对话后来也被集结成书，可能你也曾接触过。玻姆在这个经过中打开了许多观念，也得出许多物理学的不同见解，而是大多数人怎么也想不到的。

玻姆在英国过完了一生，你可能会很惊讶他竟然不是待在牛津、剑桥等知名的大学，而是待在一间以夜间部为主的大学。在那里，他和一位英国量子物理学家希利（Basil Hiley, 1935—）长期合作，不断推进他

---

① 克里希那穆提生于印度，从小被通神学会当作未来的救世主（弥赛亚）来培养。他后来拒绝了弥赛亚的身份，也结束了通神学会。克里希那穆提主张真理纯粹是个人的了悟，作品以演讲集和谈话录为主，世界各地都有推动他的思想的基金会和学校。

的理论。

希利的团队透过计算机的运算，完全可以模拟出一个小粒子快要接近一个狭缝的条件，而重新对双狭缝实验的结果做了解释。他们发现用粒子的性质就可以解释光通过双狭缝的行为，而并不需要用“又是波又是粒子”的不确定来表示。他们的研究，让许多物理学家重新注意到玻姆的理论。

一般的看法会认为科学应该是客观的，只是表达真实。但是，双狭缝实验带来的启发，让我们不得不去面对一个事实：再客观的科学，不可能没有目的。毕竟做实验的人，本身就在参与他所观察的现实。他完全不是一个被动的观察者，而他的观察就在影响结果、影响这个现实。

那么，是透过什么来影响？对玻姆而言是透过信息（我则称为意识）来做这个联结。玻姆进一步提出，没有哪一个局部的现象和整体是分开的，都含着“非局部性（non-locality）”。

非局部性的观念也就是说：一个粒子虽然是局部，但它可以取得整体的信息。就像全相图一样，从局部可以看到整体，而整体也可以取得一个局部、一个粒子、一个小点，因为局部从来没有离开过整体。

后来他把这种诠释称为本体论量子力学（ontological interpretation of quantum mechanics）。对玻姆，整体随时有全部的潜能，不断化现出我们可以看到的一切。这个过程，他称之为“显秩序（explicate order）”，也就是将本来好像不可见、无限大的整体具体化到一个角落，而让我们可以看到。但是，从局部的角落，也可以随时放松回来，回到整体。这个整体不是用我们的感官可以体会得到的。也就是说，对我们来说，就好像是隐藏起来的。玻姆就用“隐秩序（implicate order）”这个词来表示。

这个整体是我们用二元对立的脑（局部性）没办法体会的。从局部，最多只能做出这样的结论“对，观察者可以影响到被观察的东西”。但话说回来，就算被观察的对象受到观察者的影响，两者和整体仍然没有分离过。

他提出的“非局部性”“隐秩序”和“显秩序”的观念，也就解开了量子力学和相对论表面上的矛盾。两个理论都站得住脚，并且两个都不能被排除。毕竟，量子力学和相对论都一样，探讨的都是局部的现象，也就是落在某一个观察的观点——你看的，对你就是真的。

玻姆进一步提出“量子位能”的观点，也就是量子所含的潜能（potential）。一个粒子从“没有”到“有”，从本来我们看不到、对我们来说好像不存在的领域，进入量子的范围。在这个过程中，有一个力量在带着它走，带着它成形。这就是量子位能。说是位能，其实也就是信息，或从我的角度来说是意识。

换个方法来说，也就是从一个没有东西存在的量子波，突然化出一个很小的量子粒子。这个量子粒子在成形的时候，这个信息也同时生出来，也就把一个本来是被动、不存在的潜能，突然变成一个有作用的量子位能。

量子诞生了，同时也含着量子位能的信息。这个信息本来好像不存在，现在突然存在，就像一个导航信息一样，给这个粒子方向，让这个粒子知道要往哪个方向演变，比如说经过狭缝要怎么走。

然而，这种导航的信息是怎么来的？是从整体拨出来的，所以跟整体还是相连的。任何点，透过它的动作可以看出它的潜能，而它的潜能本身就像是一个信息可以引导、可以决定粒子的行为——在每一刻，都随时要回到整体。当然，它回到整体，还是带着信息。或者说量子位能其实就是一个信息场，从最大（无限大的潜能）到最小（量子位能）都含着信息，而把全部都连起来了。

量子位能，就这么建立起“真空”和我们这个世界的一个桥梁。我以前会用手掌手心翻来翻去的动作来跟小孩子解释量子是怎么一下子回到整体，一下子回到局部，不断地交换。不断地回去，不断地出来。这种特质，在量子的尺度，可以解释双狭缝实验所观察到的现象，也就答复了“为什么粒子会展现像波的性质”的问题。

其实，这就是一个非局部性的现象，也就是站在整体，局部和整体突然连起来了。

但这只是一小部分的解释。对局部的你，整体是要靠一个局部的现象来化现出来。但是在这个范围外，你没办法预测，甚至不可能解开这些隐藏的变数。

你透过一个局部的小点，用你衡量的尺度和五官，不可能理解整体。虽然这一切的局部都含着整体的理解，但你没办法把整体完全透明化。你可以用的观察工具，本身是限制性的工具，而不是打开的工具。只要你还透过限制去看任何东西，已经将它做了一种限制，而框架出它的结果了。这结果一定是具体、是有限的。

你永远是站在一个局部的角度在看整体，但这个局部和整体从来没有离开过。所以这个关系是瞬间性的（instantaneous），快到一个地步，根本没有一个东西可以限制它，也不是一个常数（像光速）可以限制的。

从这里，我们可以推测，未来的科学再怎么发展，也不可能把整体框架起来。你最多还是在局部着手，而你的诠释永远包不住整体。这个宇宙是非局部的，是你没办法用解析的做法来一步步解开的。它背后并没有一个机制可以解释一切。任何机制，都还是局部的解释。

所以，并不像爱因斯坦或许多科学家想的有一个最终的真实，而可以有一个统一场论来解释它。对玻姆，并没有这回事。你最多是在局部的一个角落找你想找的。再怎么找还只是局部的一部分，你永远没办法解释整体。谈到这里，你大概也想到了，哥德尔用封闭和开放系统所讲的也是这个道理。

玻姆提出的理论，不光带着非局部性的观念，同时又是瞬间、又是整体，这是相当深刻的领悟。这一点，跟爱因斯坦所讲的完全不同。对爱因斯坦而言，一切都是局部的，有光速的限制，是不可能突破这个局部的限制的。

但从玻姆的角度，其实没有任何限制。限制本身就是一个局部性的现象，也就是整体要具体化降到一个角落而有的。然而，整体并不受到局部性的限制。他就这么打破了爱因斯坦把光速当作限制的观念。

当然，站在唯识的角度，这些观点还在物质的层面（有时候是比较微细的物质）。不过，从这个角度来说，量子位能或量子海已经含着全部我们要的答案。所谓的“空”，其实含着所有的潜能，只是我们用自己局部的观察机制看不到。

我是在很小的年纪读到玻姆的作品，成年后，我觉得我这方面的数学基础不够深，在洛克菲勒大学时才会去接触柯恩博士（Dr. Edward Cohen）[①]。但是，我接触了才发现，柯恩博士其实比较传统，他是典型的物理学家，并没有进入哲学的层面。我以前没有意识到玻姆是在更高的层面在谈同一件事，这让我在洛克菲勒大学也很惊讶，竟然还需要跟这些一辈子钻研物理的同事来解释玻姆的理论。

玻姆的理论，我在很小的年纪时自然能够接受，也觉得好多答案都很清楚，没想到受到专业训练的科学家，脑袋反而很顽固、很单一。后来我也渐渐体会到，专家多半是在自己锁定好的蓝图里打转，这是难免的。无论在哪一个领域，科学也好，医学也好，都有一样的限制。

很有意思的是，这几年，许多物种的基因组都解开了。科学家发现，

---

① 我在《全部的你》一开始就谈到哥德尔定理对我们在修行和真实的追求所蕴含的意义。当初是一位数学系的教授王浩，让我知道了哥德尔定理。我后来也在《奇迹》谈到当时接触王浩和柯恩的经过。

能转译出蛋白质的基因外显子（exon）其实只占基因组的1.5%左右。他们也自然发现绝大多数的DNA序列看似没有编码能力，但并不是毫无用处。甚至，基因里不编码蛋白质的“内隐子（intron）”和其他序列是可以调控外显子的。你看，就连谈生物学，里头也含着玻姆所说的“隐藏的变数”的观念。

从我的角度，以后历史提到奥本海默，最多会说他是促使原子弹成形的人，而没有多少代表性。玻姆虽然处处受到排斥，稍有一点成果就被忽略掉，但是他所描述的真实最接近灵性的领域。几百年后，大家反而还会记得他的名字。

当然，站在唯识的角度，我的解释又不同，但我觉得玻姆的成就已经相当了不起了。即使你还没有进入唯识的层面，光是能把玻姆所谈的完全想通，你这一生的行为和表现就可能截然不同，会有很大的变更。

假如你可以接受玻姆所谈的“非局部性”，也就是体会到一切都是相连的，那么，你所活的生命、你的作为、你的一言一行都会焕然一新。你知道任何动作都离不开整体，你自然会考虑到整体。而这种整体不是光在世界物质和规定的层面，还包括意识和情绪的层面。

反过来，你或许还能体会到，这个世界其实样样早已经注定。站在整体，从隐秩序具体化到显秩序，再放松回到隐秩序，其中不知道反映了多少的力量。从量子位能、到各种物理和化学的原则，每一个都含着因一果。你自然会明白，任何一个动作都影响到整体，就连念头都在影响整体。

28
客观现实的悖论

"Consciousness is never static or complete but is an unending process of movement and unfoldment."

——David Bohm, from *Wholeness and the Implicate Order*

"意识从来不是静止也不是完成的状态，而是无止境的运动和展开的过程。"

——玻姆《整体性和隐秩序》

有些朋友可能知道，玻姆不只是从哲学谈物理，他也进入了意识的探讨，而试着建立一套意识的科学。以上两句话，也就是玻姆关于意识的观点。

他的观点和我所谈的唯识其实并不相同。这一点，我稍后会再进一步说明。在这里，我想先用唯识的角度对物理学做一点延伸。

一般的物理学研究，当然是采用唯物、物质为主的视角。一切的发生好像有一个先后顺序——从"没有"到"有"。从一个什么都不是的点（奇点），一百多亿年来，从什么都没有，化出大大小小的星球，构成一整个宇宙。透过这种有先有后的思维，物理学家自然也会好奇——在奇点前，又是什么？

对黑洞研究最透彻的霍金（Stephen Hawking, 1942—2018）认为宇宙从没有到有，一直在膨胀中，而又透过黑洞在吸收自己。宇宙的扩张结束后，早晚也要回到原点。当然，他对这一点也忍不住要感慨“为什么宇宙要这么麻烦地存在呢？（Why does the universe go to all the bother of existing?）”

这种探讨本身含着“起点”和“先后”的观念，好像想把一切的发生挤进一条线，把哪件事先、哪件事后标得清清楚楚，也自然会想标出这条线的起点和终点，毕竟这条线应该要有头有尾。

这种有先有后的观念，也就是所有现代物理学家的前提。不光在时间的层面有先有后、有起点、有终点，在空间的层面也有起源的观念。科学家想用标准模型（standard model）来解释一切，而不断想定出物质最小的组成单位，认为只要找出了最基本的小单位，自然能够一一组合出更大的物质。

这种找源头、定先后的概念，是每一个科学研究的领域（无论化学、生物……）都采用的研究典范。这样的研究典范，也就是想采用化约或简化的方式（reductionism）来解开一切的现象。然而，我相信你可能也想到了，透过时—空的线性架构，再怎么探索还是离不开时—空的框架。而且，也离不开唯物、物质为主的框架。

用这样的框架来探究物质的起源，也自然会带来一个矛盾：虽然我们想追求的是一种物质发生前的机制或解释，但还是认定这个物质前的解释必须属于物质。因为不是物质的，我们看不到。

这种矛盾，我觉得相当有意思。如果这个源头必须是物质性的，那么，你就算找到了它，也自然会追问“这个源头的源头是什么？”对任何人，这都会是一个无穷无尽并且不可能有结果的追寻。这种矛盾，不是过去、现在、未来的任何一位物理学家能够解开的。他们手中的工具就是这个矛盾，又要怎么破解这一重矛盾？

我在《唯识：新的意识科学》中谈过，一般人的看法是：先有物质，才有意识。这也是科学界主流的观点。然而，对我而言，量子位能可以影响一个在成形的东西，也就反映了唯识颠倒的观念——是意识优先，是意识为主。

在物质的层面，这种延伸有它的顺序——从小到大、从微细到粗重，但首先还是有一个东西在引导往哪个方向成形、要有怎样的表现。透过意识，可以决定什么时候化现，什么时候不化现。

这一切，也只是透过一个我们称为量子位能的信息场链接起来。这个位能或说信息场本身是从“没有”到“有”的桥梁，完全可以解释物质的发生。是从最小的范围浮出一个潜能叫作量子位能，从隐秩序露出来化为显秩序，而化出一个世界。

我感觉最有意思的是，虽然当时玻姆没有将量子位能的观念继续延伸，但我借用它来解释唯识，也自然可以进一步答复有些朋友的困惑。

许多人知道是意识为主、意识优先，而不是物质为主时，他们会问：“假如是以意识为主，那么为什么你、我、每一个人看到的物质好像大同小异？看起来物质才是真的存在，不是吗？”

这个困惑，可能你也会有。比如说，对眼前的一朵花，虽然每个人看到的印象可能略有不同，但还是可以有“一朵花”的共识。物理学家从各种角度也都同意有太阳、月亮、星球……的存在，并用不同的方法都可以量出宇宙正在扩张。假如不是物质为主，我们又怎么会有同样的物质的印象？

我每次听到这个质疑，都觉得很有意思。你大概没想到，这些你认为可以支持物质为主的证据，反而完全能够支持唯识、意识为主的观点。

我们一般会认为从没有东西里生出一个量子，并从最小的单位一点一点组合出最大的存在，而我们所看到的样样都是会生出也会消失。从最小的量子，到最大的无限，量子位能都存在。量子位能是随时存在，而非局部性也随时存在。既然如此，我们是同一个信息场、意识场凝聚出来的，我们当然会有共同点，而不可能没有共同点。我们从同一个意识延伸出来，采用同样二元对立的信息捕捉机制，比如看、听、闻、尝、触、念头……所体会到的自然会重叠，不可能没有重叠。

你想想，观察的主体有共同点，观察的机制也是共同的，如果所观察到的现象没有重叠，才令人意外。

跟上这个思路，你可能整个脑海都会被推翻。你所认为可以推翻唯识的论点，竟然全部可以拿来支持唯识。接下来，你会怎么想?

你自然会发现，其实是我们把自己限制了。不光在前面所提到的能源、传送的问题，我们都把自己限制了。其实，我们把自己的所有可能都限制住了。

我常这么比喻，如果有一个外星人，他有一百甚至一千个感官，或者没有感官，他所体会到的现实会跟你我完全不同。这种不同，不光是感官数目带来的更敏锐或更迟钝的差异，而甚至可能连感官所捕捉的信息种类和层面都完全不同。

因此，不同的生命、不同的文明所体会到的现实，可能彻底超过你我的想象。要是他们看见了我们在忙着解释、忙着理解的，大概会摇摇头、认为不可思议，不知道为什么我们要被一种线性先后的逻辑给困住。

其实，困住我们的，还不光是感官和逻辑的限制，而就是这种“人类为主”的观念。非要去争论是不是有其他的文明、是不是比人类先进，这完全是人类才需要有的辩论。好像有其他可能，就折损了人类存在的价值似的。

这些，正是我认为你可以亲自去体会的。

你想通了，体会到物质为主的思考必然有的矛盾，也会发现你不可能拿现有的衡量标准来判定什么是真实。现在你可以有的衡量标准，也只是把它所认得的全部可能做一种排列，而不可能证明它之外的可能。透过这些衡量，你所能体会到的再微妙，也只能是限制。

你想想，这些话，我能跟哪些物理学家分享？

回到这一章开头，玻姆所谈的两句话，也就反映出他对意识的理解和我在《唯识：新的意识科学》中所谈的是两回事。

玻姆还是从人间的角度在看意识，认为要有“动”才可以体会到意识的作用，从他的角度，也就预设了必然有一个观察者在观察，才有他所说的运动或展开的过程。然而，从唯识、意识为主的角度来讲，他所讲的展开或运动，还是站在一个相对而局限的主体有的。

从意识为主的角度来看，局限的脑、局限的意识本身只是一种作用，用“运动”或“展开”来描述的，最多也只是这个。虽然我在《唯识：新的意识科学》里也说，就是把主体和客体都挪开，还是有一股动力在。但这还是一个比喻。站在整体，其实意识根本不需要动，也不需要打开到哪里。而是相反地，是一切不断回到意识。因为只有意识是真的有、真的存在。

只有这样，你才可能调和所有的理论，让一切都对得起来。

人会想追求一个可以解释一切的“有”、一切的现象、一切的物质的理论，过去的物理学家也把这样的理论称为是“万有理论（theories of everything）”或“统一场理论”。但从我的角度来讲，这样的一个理论反而只会变成一个“不懂万有的理论”。毕竟，没有一样东西的本质是我们看到的样子。我们只要换个角度去看，就完全不一样。而这方面的追求，是追求不完的。

我们一般认为可以知道的，其实永远是知道不了的。现代人早晚会发现，古人并不是那么傻。古人只是将知觉安静下来，所能体会到的就远比现代人用尽各种聪明去挖掘的还要深、还要广。

尽管玻姆对意识的理解最多还在相对意识的范围，但他在物理学进入的深度，从唯识的角度来看，是相当有启发性的。

《时间的陷阱》

用玻姆的理论来解释物质的发生、解释我们对世界的认知，还不是最不可思议的。最奇妙的是，在这个理论中，可以说信息就是意识，也就是一切都是意识主导，随时都准备要回到整体。

这个量子位能（或说信息）和整体是相连的，就好像是整体在告诉一个粒子要怎么变成粒子。换一个方法来说，局部是整体透过局部化而来的，而这个局部其实是和整体连起来的，所以才有“非局部性”可谈。

我们和整体从来没有分开过。因为我们有共通的整体，才有非局部性。也就是我们其实随时可以活出整体，随时在体验非局部性。然而头脑只能选择在线性的时—空运作，而我们还以为头脑所呈现出来的就是全部。

这些观念，只要你仔细去思索，可能也自然得到我年轻时一样的体会，就像突然之间把头脑劈开了，并且一切都想通了。

你会发现——无论你怎么想、你在哪一个角落，自然都会回到整体，不可能不是如此。

其实，我们随时能体会到唯识，但是脑的过滤机制非要把整体的体会落到一个角落不可。我们借用头脑做了一个不正确的解释，还想用这个解释来做一个不正确的说明。

你大概没想到，这一观念和头脑的解释不同。因为这样的颠倒，我才会用我自己的体验将唯识的观念带出来。

然而，我也明白理论和观念的澄清，如果没有个人亲自去体会，很快就会落成头脑的回路，并让人一样在里头打转，并没有真正走出来。

接下来，我还是希望你能将这些观念落到个人的层面，亲自去活出生命更深的层面，而不只是继续谈。毕竟，再怎么谈，也谈不完的，而跟真正的你、跟真实没有一点关系。再聪明的讨论也沾不上边。

29
灵性的投入

我透过各式各样转折点的实例，其实也只是希望你能看清种种变化的表象，而投入生命更深的层面。当然，你可能也早已经投入了。或许就是如此，你才能走到这里。

然而，你也可能是现在才开始投入。但无论如何，只要你开始投入这个层面，自然就会发现——怎么有那么多门派？

在这个领域，不光有不同的宗教，并且每个宗教还有数不完的派别，近代兴起的各种灵性法门更是变化多样。更重要的是，每一个门派好像都不认输，好像都认为自己找到了一条最好的路或是可以带来最好、最究竟的方法。

你也许已经投入了几十年，在各种机缘下在这里向某位老师学习，到那里又向另一位老师请教。但是，你不免也开始有一种感觉，好像这个旅程是走不完的。

你或许也开始质疑自己，投入了这么久，真有什么成就吗？为什么烦恼和念头还是像水一样流也流不完？一遇到事，情绪总是踩不了刹车。对，你也知道自己理论都懂，也随时可以引用一些很高深的道理，还可以劝别人、好像还能给别人一点启发。但你还是认为身体是真的，而你离不开它的作用。

走到最后，你还是离不开对生活条件的各种要求。你会想生活在某些特别安静或有人气的环境、为了满足口感而选择美食或只吃某一类清净或经过祝福的食物、坚持某种风格的穿着打扮或不打扮来配合你的境界。你也可能讲话特别快、特别慢、特别清楚或特别不清楚，认为这样才能表达你的领悟。你当然也可能选择采用某些姿势、动作、举止和做派，认为这么做才接近你内心的理想。

总之，你还是有一套自己定出来的框架和模式，而你离不开这个框架。

但早晚有一天，你可能突然发现自己最多只是把过去的习气换成了另一套新的习气。或许一开始你意识不到，会认为这就是反映你的领悟。但是，经过一段时间，你会看出来这还是习气，最多是比较微细、比较友善或比较符合你个人对修行的理解。

甚至，你也可能透过这些新的习气，让你好像更容不下周遭、看不惯别人。你不光对样样有意见，而且随时带着一种高高在上、不认同、批评的态度。这个情况，其实就是我在许多走上灵性这条路的人所见到的。当然，这也可能促使你再去追寻，也许换一个老师或门派，接下来继续做比较。

无论过程如何，灵性的追求都算是好事。毕竟现在信息十分发达，自然让你有多方的选择，可能让你学会从不同的角度看待同一个现实。而且，这起码也让你有更丰富的语言，能够更精准地表达、归纳眼前的困难。

严格讲，这些也没有什么好或不好可谈的，最多是展现了这个年代多元的选择。到头来，还是反映了你对真理的追寻，而且是一个好的起步。早晚，都会让你走上你所需要的路，并让你找到配合你程度的老师。

到最后，你还是会得到自己的结论——修行，是你对自己的交代，是你自己来教你，是你自己来主导你；这一切，并不是某个法或某位老师可以做到的。然而，你一样需要一个起步，一个切入点。

这个时点，全球都在追求真相，而地球的频率也是极端的状态。这股趋势，就好像地球、世界、其他人都要跟着一起翻身。这也就是带动这波追求真相风潮的力量。

可以说，这个时点是最好的时点。没有第二个时点，比此时翻身的力量更大。

30
换了一个人

你一路读到这里，如果可以认同，也可以用你自己的观察去验证这里所讲的一切，你自然会发现：人间还有什么可以靠得住？有什么是黑白分明的？

你也可能会得到一个既清楚又悲伤的结论：其实，没有一项靠得住。你所听到、读到的，没有一项是正确并且可以依赖的。充其量，只是一个角度、一个观念。无论过去在你眼中很客观的科学，还是各自主张的历史、还是其他的学问，其实每一项都是如此。

你进入对真相的挖掘和追求，一开始还可能很好奇。无论是能源、物质、材料、饮食、农业、环境、灵性……的领域，你对不同的说法、种种不同的真相都会很感兴趣。你也会惊讶，没想到自己过去竟然完全没有接触过这些可能。

但是，就在不知不觉中，即使这些另类的真相已经成为你心中的主流，你大概也已经发现这些所谓的真相最多还只是一种说法、一种观点。从更高的层面来看，这些新的真相倒也不见得比你暂时搁到一边的“传统”更有代表性。你可能开始懂得退后一步，明白种种观点，无论新旧，也只是从不同的认知在做表达和体会。

这么一来，你自然发现，在人间再怎么继续追求，是追求不完的。就好像你透过网络可以找到的信息，是读不完的。就是你可以一个字、一个字读完，坦白讲，你也消化不了。

既然如此，你可能会选择进入一种沉默，自然会对媒体带来的信息失掉兴趣。一开始，可能只是对传统媒体冷感。渐渐地，就连最时兴的网络新闻和信息也不再引起你注意。对你来说，都是一样，只是反映一个角度。

不晓得从什么时候开始，就连国家和国际的大事，或会让一般人跳脚、觉得不公平、不合理的现象，好像对你也自然失去了一些分量。这些消息，不再那么挑动你的神经。这些，你好像都可以放过。

有意思的是，你本来过去和所有人一样，对每件大小事都有自己的看法，并且还非要表达不可，只怕别人不知道。但突然之间，连你自己都惊讶，怎么突然对这些都没有想法了。你好像变迟钝了，对什么都没有意见，也没有自己的主张或什么深入的看法可以分享。

别人可能会开始感觉你很无趣，觉得跟你在一起没有意思。但是，你反而是更清楚地知道，大家感兴趣的，比如一场戏、电影、音乐、热闹、美食、话题……对你而言只是一个经过。没有哪一个经过比其他的经过更重大，会让你更有兴趣，或让你感受到什么危机或威胁而值得去反应。

你也只是轻轻松松地选择了——不在这个剧本继续投入。甚至，就连做个见证者、观察一切流逝，你都会感觉是多余的。

这样的过程，对你就是一个转折点，并且是早晚会经过的。你的注意，过去都是对外，现在好像突然做了一个回转，而回到自己。别人可能会以为你换了一个人，感觉到你好像连个性都变了——可能突然从外向变得很内向，让人感觉很孤独，甚至很孤僻。

但是，这些描述，完全框架不了你。你已经知道，那最多就像路上的一个临时站。对整体，没有什么代表性，更别说不需要再特地解释或分享什么。说或不说、改变或不改变，本身没有什么价值，也没有什么意义。

31

活着的负担

前面谈了各种的真相，你也可能追求过，但你发现根本追求不完。再怎么追求，也只是从一个领域到另一个领域，从这个信息到那个信息，从一个瞬间到另一个瞬间，从一个方法再到另一个方法，从一个现实转到另一个现实。结果最多也只是在人间活出另一种可能。

这种成果，对你并没有什么代表性。从中，你也找不到快乐和满足。早晚，你会发现在人间可以得到的这些，跟你一点关系都没有。

这种心境，本身可能就为你带来一个最大的转折点。而只要你够诚恳，同时下定决心，你可能会发现，你已经不知不觉地走上一个跟一般人不相关的轨道。

别人的兴趣，并不是你的兴趣。

你有兴趣的，跟别人也沾不上边。

很自然地，你不会想跟别人分享什么。

说你孤独，也对。但你并不觉得自己少了什么。

最多是你不忍心让每个瞬间就这么溜走，不想让这一生白白过去。

这时候，从我的角度，你转变的机会就在眼前。

“全部生命系列”带来的完整系统，可能对你正是最适合的。我很有把握，只要你投入“全部生命系列”的理念和练习，而在失望、孤独、走不下去时，稍微再有一点耐心、坚持下去，你自然会发现——生命，会为你打开。

这种打开，跟一般人所讲的打开或转变，是完全不一样的。你的真心愈真、愈强烈，它打开的会愈广、愈深，甚至让你没有路可以回头。

坦白说，这时，你也不可能会想回头。如果还有回头路，或你还会被人间的喜事、包括这本书谈的各种知识给绑住，那么你还可能再回头走上原本的老路。

也有可能你还不够成熟，也或许你的孤独、痛苦还没到不能忍受的地步。因此，你还是会选择用外在来刺激自己，让注意落回到人间的某一个层面。真正的孤独、真正的痛苦、真正的失落就像一把刀，会让你把过去切得干干净净。你会成为自己的英雄，而接下来，进入舍离。

这种舍离，不是一般人认为的放下家庭、东西、衣服、享受、生活习惯。这还是外在或表面的舍离。这种舍离做不做其实也无所谓，甚至也不需要、不重要。我讲的舍离，是你在业力的运转上彻底踩个刹车，把它停下来，不再抵抗它，或说不再让它抵抗你。

真正的舍离，是轻松放过它——放过一切、放过生命带来的阻碍、放过可以吸引你注意的，放过会让你想要解释、说明或整合的剧本。把人生所有的剧本、包括修行的剧本粉碎。更正确的说法是放过，让它该怎么来，就怎么来。

是这种彻底的让步，也可以说是臣服，你才突然懂了什么叫作舍离，也才突然明白我在这本书里谈的各种好像有的真相，最多就像是哄着小孩子玩“过家家”，希望你能把注意从外在转到内在。

也就是因为这种彻底的回转不容易，我知道，而你现在也知道，我才会用人间一些比较不常听到、不常接触到，甚至有人认为是例外的现象，来吸引你的注意。让你先把这些例外当作真相，并从这里踏进去探讨，想去找到一个答案。

但是，不知不觉，你会发现这些例外的现象、物质层面的真相，也代表不了你想要找的答案。你真正想找的真实不在现象的层面，更不在人间的层面，甚至可以说不在任何“动”、任何发生、任何“有”的层面。

不过，进入这种探讨或追查，确实可以让你对人间的种种观感踩一个刹车；让你彻底体会到，这一生到目前所活的现实最多是一套信念、是一连串人为的观念、是一种武断的错觉。

你也常常听我提起一个观点，也就是你如果要找一个答案，那么，你所能找到的，其实完全受到你采用的方法和工具的影响。

这一点，其实已经是量子物理近百年来的常识。你可能只是没想到，这个原则谈的不只是遥远的科学。其实，就连此时此刻、每一个瞬间，你点点滴滴感受、体会到的世界，一样离不开这个偏误。你所认为是真实的，也只是透过一个捕捉周围信号的工具所得到的印象。然而，你这一生所有的观感和看法，都被它扭曲或绑住了。

最不可思议的是，这一点偏误，你我随时体会不到；你会完全忽略这个前提，并认为真有一个共同的现实，觉得眼前有个东西，认定有一件很重要的事，相信自己有各式各样的问题要去克服、要去了解。

把眼前得到的一小部分信息，当作是你唯一的真实，不光会让你完全投入这个人间，而且自然把样样都活成问题。问题大，可能要动用诉讼甚至战争来解决；问题小的，也就让你勉强凑合着，处在一种随时有的紧张，度过这短短的一生。

一不小心……

是的。你、我、每一个人其实随时都不小心，而活出这样的生命。

这一点，就是人类共同的处境。

我用这本《转折点》所谈的，也就是希望能陪你将这样的处境看穿，让你脱离这种错觉，活出人类本来就有的可能。

你看看，这些话会不会到现在还带给你矛盾？还是你顺着这些作品，已经跟着在转变了？

在转变当中，我相信你可能也已经发现，或许，这一生、这场梦可以称为是“人类的实验”。好像意识或生命要透过每一个瞬间、每一个点点滴滴都留下来一点痕迹甚至脚印，等着你去发现这个理所当然的层面。

你如果发现了，也就不会再被各种短暂的现象给骗了。

然而，就算你发现了，不再被“骗”了，也不见得会有什么看法要跟别人分享。你心里明白自己根本不需要分享什么，也不需要做什么。

同时，你可能也意识到，你已经成为这地球、宇宙关键的少数。你倒不需要和其他人强烈声明自己的主张，反而，透过你的平静，你自然已经成为真实的守护者。或像这本书所讲的，你已经成为人类进入太空时代的意识的种子。

如果人类没有达到这样的成熟度，那么，这个年代各种技术或武器快速的发展不光对大家都危险，甚至还会反客为主决定地球的命运。

我之所以会谈“转折点”，就是有这么大的急迫性。

32

跟着业力一起转

当然，你可能还记得，我谈过业力，也谈过其实你这一生的点点滴滴都是早就注定的，是你还没有来这一生，就已经自己注定自己了。

在这里，我也要大胆提出来：这个观点，同样符合唯识最基本的道理。

这个道理，最多也只是“意识是真实”。不是意识的，也就不是真实、不是永恒，最多是从真实、永恒延伸出来的，且只有暂时的存在。这种存在，从我的看法，其实是不真实的。

当然，这种存在虽然不真实，但还是有它自己的动力。

用人生来说，也就是它自己的动力决定了什么该发生、什么不该发生，哪些是你该得而哪些又是你不该得的；同样的动力，决定了地球点点滴滴的转变。包括你跟这个世界的发生、一切外在事件的关系，也已经是老早注定。

人间的一切，是透过一种建立在二元对立上的互动，而在互相支持、互相证明。举例来说，因—果其实是你观察一切的唯一的渠道，它本身反过来也可以解释你聪明的机制、逻辑以及你所观察到的一切。因此，在人间，样样都是注定。

我跟你分享这些，最多也只是想表达——你这一生有它自己存续的机制。这个机制，讲究的是透过因—果得到一个线性的排列。有一个因（C），也就接着要有一个果（E）。这个果，会成为下一个瞬间的因。一切，就是这么延伸下来的。

当然，这种线性的因—果的延伸，是合理的。我们透过这一套线性的逻辑，在每一个瞬间只能观察到一个现象，也就当然会这么延伸下去。因—果最多是在我们理解的范围、在我们五官的运作范围下而有的，但它其实不能说是一个真正普世、真正全面的现象。

假如我们现在同时可以体会到非线性的现实（这种非线性的现实，也就是同时有多重的变量，这些变量都可以影响到同一个结果），并且可以进一步观察到全部的变量，那么，我们对因—果的定义会完全不同。在这种全面的视角下，我们自然发现所谓的果，其实也在影响因，它们互相调节。

说什么是因、什么是果，也只是一种基于理解和感知的限制所带来的武断的结论。可以说，线性的因—果是反映人间存在的机制。如果没

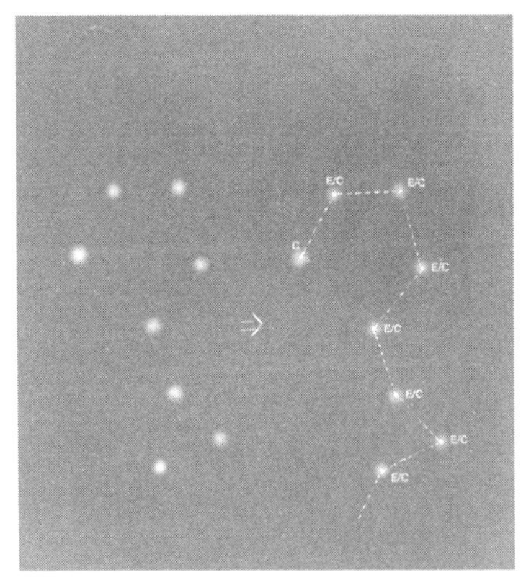

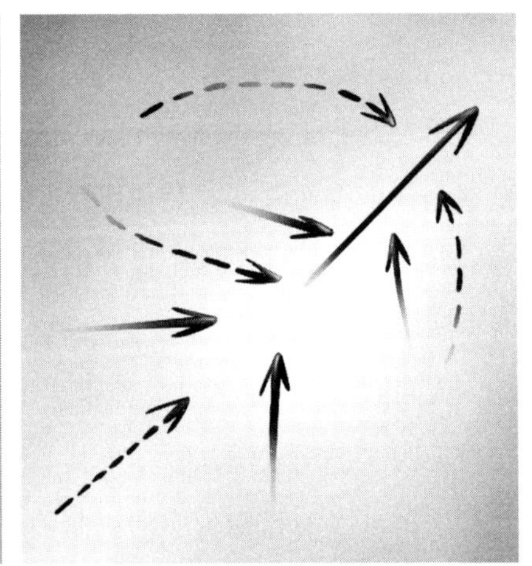

《定》

有因果，也就没有世界，更没有“你”“我”可谈。

对，你透过念头和行为的“动”，会产生后果；甚至，这整个人间就是一个因—果交错的矩阵。我在《时间的陷阱》里用果冻来形容人间，也就是说，你在人间，就像是果冻里一个小小的点。这个点的动态，自然会透过果冻的震动传递到果冻的每个角落；而这个点再怎么动、再怎么想挣脱，也免不了要承受整个果冻的作用。

透过这个比喻，你或许可以想象得到，宇宙整体的力量，其实远远大于你这个身体可以产生的作用。因此，我过去也讲，活在这个身体的范围，没有什么东西叫作自由。

这个人间不是自由、活在这个身体的生命不是自由，因此，才会化现出物质，而物质和物质间还有种种的关系。假如是自由，我们老早不会谈这些了。我们的注意早就从眼前的现象收回来，舒舒服服落在整体、落在意识的层面。

就是因为我们认为不自由，才会投入眼前物质的世界。

我过去常称赞你我竟然有这个勇气，在这时候来这个世界，而我也会说你我来这个世界，就是来解脱、来彻底醒觉的。早晚，你会深深体会到，你每天认为自己清醒的这几个小时，只是另一场梦。

这场清醒的梦和另外几个小时的做梦、深睡、无梦的深睡，是一样的真实，也一样的不真实。你可以想想，你投入睡眠所体会到的，如果感觉上和清醒一样真实，你会称它为梦；如果一个念头都没有，就连身体的观念都没有，即使你在其中并不知道，但你事后可能会称它为深睡。

无论是梦还是深睡，你其实一直存在。只是你透过身心的聪明，会认为白天的清醒比较真，而把夜里的睡眠和做梦当作一个暂时的状态。但无论是清醒、是做梦、是深睡，你都没有不在过。

从这个角度，你可能老早就发现：说“你有勇气来这一生，是彻底来醒觉”这种话，主要还是一种鼓励，是想给你打气。

选择来或不来这一生的，并不是真正的你。真正的你，其实对“来”“不来”无所谓，它不会干涉。来或不来，最多只是一种过去的习气、能量、没有完成的心愿的组合，跟整体其实没有什么关系，也没有什么影响力。

就连这一生，最多也只是暂时的一场梦。而真正可以做梦的主体或聪明，或可以知道在做梦的聪明，其实跟你梦见的故事一点都不相关。真正的你，甚至可以说是懒得投入你的故事，也不会想知道细节。它没有动过，也不想动。它没来过，也不想来。如果非要说它在做什么，那么，最多可以说它是很耐心地，在等着你醒过来，让你彻底知道——你就是它，它就是你。

这么说，也没有什么叫醒觉，也没有一个谁可以醒或可以不醒。这些比喻，全部都是我们人类透过头脑制造出的一种幻想、一种线性因—果的关系。最多是在你我现在还很幼稚的理解中可以说是“醒过来”的少数人，他们还舍不得不拿这些幻想去鼓励、去哄大家，希望作为一种触媒，引发、加快这个不存在的醒觉①。

然而，无论如何，种种对真相的追求都是好事。时候到了，或者也可以说这个时代的种种条件已经为你准备得刚刚好，让你在人间相对的层面，可以对样样都追求合理和真实。这样的追求，只要你坚持下去，也自然会延伸到全面。而这个全面，你会发现它远大于人间的全部。所以，

---

① 我会用哄或鼓励来表达这样的经过，也是含着另外一层用意。这样的用意，我过去常用英文这么表达：That which is real will always be. That which is not real will never be. Try as you may.（是真实的，随时都在。不是真实的，怎么也在不了。跟你或任何人一点关系都没有。）

我只能说这是好事。

接下来，我可能需要再一次重复：其实，你这一生来是刚刚好；你选择在这个时间点，跟我一起探讨这个问题，也都是刚刚好。

最多，只是看你还会不会再一次地继续错过。

33
也只是一个允许

写了这么多，或许你还是有那么一丝丝疑惑：“那么，前面谈到的健康、能源、经济……各个层面的另一个真相以及可能有的发展，又要怎么看待呢？”

坦白说，我会劝你不用担心。

只要你从心里明白，而且是诚恳地体会到，这个世界可能跟你过去想象的不一样，你自然已经成为一位宇宙的公民、一个宇宙的生命（cosmic being or universal being）。这广大的宇宙没有一个角落、没有一个点点滴滴是跟你分开的或不是你。

这么说，你也明白，就连谈你是不是宇宙的生命，都是多余的形容。一切都是你，最多是你延伸出来的一个可能。其实你可以随时活出数不完的可能，甚至可以同时活出来。只是你过去被这个宇宙、被这个地球、被人的圈子绑住了，才会以为不可能。

你自然会发现，你并不需要这里所谈的另类的真相或技术与物质层面的突破。你早就可以活出这些可能。你真正的身份，跟这些科技的发展也没有一点关系。这些突破，最多只是符合真实而带来另一个不同、颠倒的认知，本身并没有什么了不起，也不用去特别追求。

你只要进入这种状态，成为一个宇宙的生命，也自然会发现自己过去所认定的成功、失败、种种判断老早就被你抛开并且已经忘得干干净净了。

就是在这个人间，就像我过去在《丰盛》中所讲的，你不光可以在肉体的层面活出圆满，也可以在其他层面都活出来。即使别人给你贴标签，认为你没有达到社会的期待，而把你当作一个失败者，你心里也清楚地知道，这些观感根本不重要。毕竟你一当真，反而又落到别人认为你该活出来的剧本或榜样，而还会自愿把这套上你的生命。坦白说，到现在为止，你都还可能在活出别人眼中的剧本，并用别人的眼光来衡量自己活得是成功或失败、有意义或没有意义。但你现在或许明白了，这一切最多还是反映无明。而你选择走出自己的一条路。

这一条路，你也会再一次体会到，是为了自己，并不是为了别人。你不再担心这条路走下去会不会孤独。你知道宇宙有无数的兄弟姊妹正在等着迎接你，而你真正的生命透过这个转变才正要起步。这时候，人间一切的价值跟你早就不相关了。你已经亲自活出所谓的舍离。

接下来，引导你走下去的，不是这个人间的某一个层面。你完全可以把自己交给更深的直觉。任何关于该不该接受哪一个方法、该不该投入哪一个点、做或不做什么的认知，透过你自然而然增加的敏感度，你会完全用另外一套逻辑在归纳、在选择。这种选择的机制，已经完全脱离你过去用头脑不断对照、不断比较的聪明。你最多只能承认，你是透过全部的你——点点滴滴、每一个角落的你——轻松而不费力地走下去。

有意思的是，你最多是踏出第一步，而这第一步也只是在你心中发一个友善的愿，出自真心发出对宇宙的慈悲和关怀，同时在心中发出一个允许，让你可以接收更高的聪明。

当然，这种愿和允许是从心里自然而然流出来的，只是反映你的诚恳、真心和勇气。

有了真心和勇气，只是诚恳地跟整个宇宙同步，你也就已经接上了轨道。

接下来，你不用担心，没有什么追查的功课需要去做。你只需要轻轻松松地把自己的注意扩大到整体。

这样的整体，我指的是太空或星际的整体，还不需要到绝对的层面[①]。你让注意扩大，也自然会发现，接下来你会加快地接收到这方面的信息，或者说得到转变。

透过多个层面的转变，你终于比较成熟。这些未来的突破，本身既然反映均衡、也只会和均衡相应，也就自然而然会来到你眼前。你可以轻轻松松把它们当作必然要发生的作用，当作必然的结果。

然而，这些都不需要特地去追求。你还是选择投入自己，透过参、透过臣服、透过前面所讲的提醒，你还是先把自己、真正的你找回来，透过每一个瞬间活出来。

其他，也就让它成为其他。再怎么精彩的文明、甚至比地球先进几十亿年的突破，也跟你没有什么关系，而都可以放过。

你也可能到最黑暗的境界，也许就像地狱一样黑暗，让你看不到一点光明。同样，你都可以放过，都知道它最多符合某一个业力的剧本，跟这个人间其实没有什么太大的不同。

最重要的是，这时你已经可以选择不投入任何剧本。任何故事，无论多精彩、多悲伤、多丰富、多么动人，你都可以选择不投入。

---

① 我会在这里再做一层区分，也是希望作为一种提醒：我们用相对局限的头脑，其实到不了绝对，最多只能把自己带到意识的门户。然而，这样也就够了。接下来，只要我们有耐心、不断回到相对意识的出发点，早晚就连这个出发点也会被绝对的无限给吸收掉。这种超越，是远远超过进入太空时代的跨度。

你会发现，也就这么简单，你随时可以不费力地踩刹车，并轻轻松松打断头脑带来的联结、看穿任何剧本。任何头脑带来的意义，不管是浅是深，都让它自己消失。最有意思的是，把这一切打断、看穿、消失，其实你完全是不费力的，你什么都没有做。你最多是清醒地选择不跳到人间所谓的“做”或“不做”，也就这么跳出业力的滚轮。

你只是轻松地活在瞬间。

最奇妙的是，你所活在的瞬间（或我过去讲的“这里现在”）并不是某一个时间点或某一个空间。这个“这里现在”，跟一般对时—空的定义其实沾不上边。而且，你并不需要等到某一个岁数、还要透过某些成就、多少练习或是多少辈子的行善才可以投入瞬间。

就在这里现在，你就可以完全投入它。

然而，既然“这里现在”不属于时—空的范围，那么，你还要投入什么？还有什么投入不投入可谈的？

你自然会发现，最多，你就是它。你就是一切。你就是心。你从来没有来过，也不可能离开。你随时都可以安顿在它、定住在它。这种定住、这种安顿不费力，因为本身就是你的本质。

你还没有起步，已经老早活出神圣，而且是你这一生意想不到的神圣。你已经带给人类最高的恩典，跟全部的圣人没有分别。过去，你竟然会去限制这个身心最多只能活出它的极限。这一点，对你反而已经是最不可思议的。

你知道，你就是丰盛，而这种丰盛跟物质一点关系都没有。但是，你又不需要去否定它、不需要去否定任何东西。

你看，这些话，是不是已经老早成为你了。

34

转折点的力量

到这里，我相信你已经明白，这本书的重点并不是想谈念头的速度有多快，更不是要谈人类的起源、不同的文明、特异功能、量子物理或星际旅行。

谈这些，最多也只是当作一个实例，来强调——这一生你只要投入任何一个题目，并且亲自去验证，你自然会发现，过去的认知竟然都跟你的亲身体验不同，甚至可能根本就是颠倒的。

无论是农业、建筑、能源、经济、金融、材料的开发，历史的发展以及社会的关系……全部，你会发现新的真相可能都跟你过去所学的不同，甚至是完全相反。

你早晚会发现，自己这一生竟然有办法被洗脑洗得那么透彻。不光是让你错过了唯识的重要，而且还采取了唯物的观点。就是在人间和物质的层面，你都会发现，真相和你过去所以为的都不一样。

这种认知的全面转变，也就是我在这里所想表达的“转折点”，才是你这一生可能有的最大的恩典，而让你无处闪躲，再也没有任何理由不去面对自己、面对真实。

我才会说，这或许能为你做好准备，让你刚刚好可以接受“唯识”的科学——你会进入一个成熟的轨道，并且可以接受物质之外的层面。到最后，终于打开生命全部的可能。

但是，你也要谨慎。这些探讨，并不是为了强调另一种现实、另一个真相比较正确或比较有代表性。否则在探索真相的过程中，你可能一不小心又落入另一个同样狭窄的层面，并一样地转不出来了。

我过去见过许多人落入这样的情况，虽然一样在人间活着，但宁愿投入另一个不同的现实，总是感觉被现代社会的文明所蒙蔽，而随时落到一种偏颇的窠臼。

从我的角度，完全没有必要如此。

我知道，你在进入这个真相追求的旅程前，对你本来好像样样都合理，但你现在确实觉得样样都不合理。但坦白讲，站在唯识的角度，就连你现在觉得的不合理都不合理。

这些另类的现实，最多也只是一种认知的角度或观点，对整体并不比眼前这个现实更有代表性。它的价值，最多是为我们点出了人类未来的发展，而让我们得到一点线索，可以永续生存、进入太空时代。但是，从永恒来看，并没有比较真实、比较永恒。

对我，谈这些最多就像是提供一点诱饵，想吸引你的注意，让你不要往外在再去寻找解答。毕竟你可以追寻得到的任何答案，不光没有代表性，反而还可能浪费你更多时间。而且，不只是从唯识的角度没有一点代表性，就连在这本书所谈的现象和物质的层面可能都没有全面的代表性。

用人间这些另类的现实作为主题，最多也只是希望让你体会到：光是在地球这么短暂的历史，人类共同累积的知识就有大半是不正确的。既然如此，你我也不需要赋予这些知识多大、多绝对的重要性。这不值得。

你目前透过唯物的观点在找，这方向是错的。然而，这是你自己早晚会得到的结论。最多是看你愿不愿意早些体会到这一点，而明白真正靠得住、正确的层面并不在物质的维度。接下来，也就把自己的时间投入在一个更深的层面。这么做，说不定比较有意义。

正是因为这一点，我才会说信息的透明和便利，让每个人对样样现象都可以找到一个不同的诠释、得出不同的真相，而是人类整体挡不住的转折点。透过这个转折点，人类才会跨出相当于从青蛙到人类那么大的一步，而和其他星球的文明接触。当然，我相信你现在应该明白了，所谓的“接触”，最多也只是透过心态和感知的彻底转变，而达到共振、进入一种共鸣。

说了这么多，也只是但愿你能搭上这个转变的缆车，跟着整体一起转化。接下来，无论地球怎么转变——是好、是坏、是进、是退、是大、是小、是重生、是毁灭，你老早就已经踏上没有路的路。

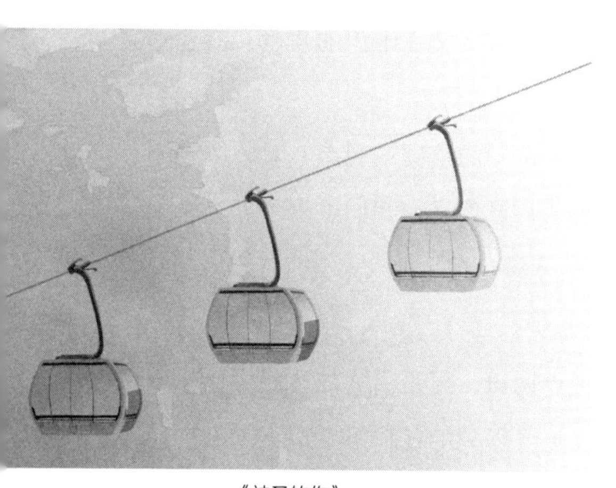

《神圣的你》

这一生，透过那么简单的一种决心，你也就定住了你的方向，且成为这本书一开始所谈的关键的少数、地球未来的种子。你再也不受到任何物质变化的影响。

只要你愿意演化，而所谓的演化也只是随时定住在心，你反而不用担心别的。就连地球也会跟着转变。它的命运和你的命运会跟着一起转。当然，到这里，它转不转、你变不变，你也老早知道根本不是重点。这一切，跟你未来“做”或“不做”什么也没有关系。

对，地球会有很多精彩的发生，而且是在短时间内密集而迅速地发

《神圣的你》

生。同样，这些别人眼中的大灾难，对你会是大好的机会。这种大机会或说大的磨炼、大的恩典，会为你带来最好的学习空间。这样的学习空间，你也可以称为是道场。

周遭带来恐慌的事件，对你来说可能正是磨炼的机会——考验自己的定力会不会动摇。但是，这时你可能老早就已经明白——既然真正的你没有生过，那么，又有什么毁灭、死亡、消失可怕的？

只有这时候，你才达到了真正的长生、真正的不朽。你自然体会到，这一生，真真切切地只有古人所谈的 *lila*（宇宙的喜剧）可以形容。无论转折点、重新起步还是人类的实验，严格讲其实都已经老早发生了。这一生，最多只是在完成它自己。而这些发生，全部都没有离开过你自己。

透过它们，你最多还只是看到自己、延伸自己、支持自己、体会到自己。

这个急迫感（假如你现在还会想这么说），其实也就是我带出“全部生命系列”的出发点。

为你把危机转成机会，是我最终的用意。

你一生又一生地来，也一次又一次地迷失。这一次，让我将古人留下来的指南针，当作一个小小的礼物送给你。

当然，接不接受它，是你的选择。但你也知道，严格讲也不是你的选择，最多是反映你的福报或成熟度，并且老早就注定了。这种注定，是包括个人、行星层面种种因—果组合出来的安排，你干涉不了，也不用特别去在意。

早晚，有一天，你会接受这个礼物的。

说早晚，我相信你现在也知道了，“早晚”最多还是头脑的认知。站在整体，你就是它，你是醒觉，而不可能比醒觉更醒觉。

那么，到底有什么差别呢？

差别最多只是你站在什么角度在体会——是站在小我看一切？还是站在整体看这理所当然的一切？

差别就在这里，而只是看你是不是让注意自然从一个小角落，转向整体。

其实，没有谁可以改变谁，也没有谁可以带来礼物，更没有谁可以接受或不接受。这些分别，在整体而言都没有道理，最多只是带来一层无谓的幻觉。

假如你懂了这些，接下来，我还有什么话可以说的？

后　记

这段时间，现代人所承受的冲击和摩擦力实在太大，几乎到了没办法忍受的地步。然而，正是经过这种难以忍受的摩擦，也就可能带来你生命最好的转折点。这才是我写《转折点》最主要的目的——但愿你不要错过这个机会。

也许你读到最后，会认为你个人所面对的挑战、困难和转折点远远比这里所谈的更严重。大环境的变化早已经撕裂你个人的生活，你觉得没有平安，更不敢奢望幸福。

坦白讲，人类可以造成的困难，你我都知道是讲也讲不完的。只要有人，困难都是一样的。在这个层面要一一去解决或改善，也是做不完的。

确实，我在这本书谈得再多，也只是现实很窄的一部分。只要看新闻，点点滴滴都是负面的消息。世界非但不安宁，而且愈来愈紧绷，到处都是冲突和困难。

但是，我还是希望你把心胸打开，知道这里所谈的其实完全可以应用在一切，而样样的危机都可以是你人生的转折点。无论世界再怎么动荡不安，我都希望你能够真正将人生看穿，从更高、更广的层面，用更大的格局来衡量。

一个人可以做到的是管自己、管自己的念头、自己的意识状态。其实这才是一生来最主要的功课。

谈这些可以查证的事实，也只是希望你能用不同的角度看事情，甚至能打开心胸去看完全相反的观念。透过这种思考方式，也就是苏格拉底的辩证法，首先守住两个极端，也就是守住问题的范围，透过点点滴滴反复的思考，你自然会发现无论从两端还是中间都得不到问题的解答，而你早晚会得出龙树菩萨所谈的更深层面的中道。

我们的智慧或心可以体会到两个极端，体会得到辩证法的不落两边，也体会得到中道。这个能够看到样样现象的主体，其实本身完全不受任何的限制，有无限大的潜能、无限多的可能。

我在这本书所谈的，还只是在一个不成比例小的相对的层面作文章。对我来说，能投入唯识的体会才比较重要。在唯识的层面，你会惊讶的——怎么可能，你会想从无限多的选择里投入这一生，把自己活成这些限制，而还要在各种极端之间打转，转不出来，并且还要愤愤不平、感到失望、觉得不公平……

确实，这种颠倒对我而言才是最不可思议的。而我希望透过这本书，能让你体会到这一点。

我在这本书中，也想将这个观念再往前推进一步：从唯识的层面来看，真正正确的既不在中间，也不在对立的任何一端；苏格拉底透过辩证法和龙树菩萨真正想谈的其实也是一样，并不是在对立或中间，而是在更深或更广的层面，才含着我们需要的解答。我透过《转折点》和《唯识：新的意识科学》，但愿能让你意识到这一点。

这种更深的层面并不在你认为问题所在的同一个范围。解答不在同一个封闭系统，更不是在这个时—空介于两端的某一个中间，而是在一个更大的层面。是跳脱这个框架的限制，你才可能回头看清问题。你自然会明白，在这个人间找得到的任何解答，包括你小心翼翼在两边中间找出的解答，都还不是真正的答案。真正的答案，是在更深的层面，不在人间。

透过这本书的讨论，我最多只是想引发你用这个角度来看一切，包括你现在认为忍受不了的痛苦、难以解决的问题、这个世界和其他人带给你的困难。这种彻底的回转或者说突然的发现，对你才算是最好的转折点。

你会发现，其实你在人间根本找不到解答。无论你选择哪一边的立场，想把自己安身在哪一个角落，把希望寄托在怎样的系统、制度或理想，你都会发现你找不到解答。问题本身可能并不是你所看到的样子，更可能完全不是你所能想象。

这些动荡和困难最多是在“逼”着你进入意识更深的层面，让你不得不彻底回转、不得不回到心。

在环境的动荡中，将一切看穿，其实含着臣服的观念。我们面对生命最大的危机、似乎不可能忍受的困难、超过历史上任何人可以想象的冲击都可以臣服，都可以把自己的命运交给自己心中的佛性或心。这种转变，其实就带来一种最高的安慰——让我们从原本怎么也想不开、想不通的状况，随时可以进入一种平静。而这种平静，是我们从来没有过的。

透过这种平静、很稳重的状态，也就是从心看着一切，我们其实不光对样样都能看穿，而且知道该怎么进行，才能帮助自己、帮助周边、帮助地球。你充满着勇气，内心没有恐惧，什么都不怕。即使该离开一个环境，你也自然会做的。并且不会有任何顾虑。

无论如何，首先，重点还是要回到自己，把样样当作恩典——将环境带来的冲击和困难，当作是你修行或意识提升、转变最好的机会。

有了这种态度的转变，我才会放心，知道你继续走下去不会再落到人间的陷阱，不会在其中迷路，从而才不会把这一生白白耽误过去。

附　录

从每个层面重新起步、重新出发

到这里，让我再回到这本书一开始就谈的：为什么才刚完成《唯识：新的意识科学》和《必要的创伤》，我就紧接着想用这个方法再度切入这个题目？

明明站在唯识，样样都是颠倒的，是以意识为主，而任何物质的层面，包括这里所谈的另类的真相，都是次要的，不是吗？

对，都没有错。

然而，你只要仔细观察，自然就会发现，生命的重新整顿其实要从多层面着手。因此，“全部生命系列”一路写下来，我不光带出来一些观念（比如说唯识），同时也分享各式各样的练习，希望能让你点点滴滴去进行、去采用。

只有这样，才可以帮助你、我、每一位将这些观念带到生活中。也只有这样，你我才可能真正活出唯识的理念。

这一点，对一般人其实并不容易。

首先，你应该已经知道自己还是会被情绪或创伤留下来的心结或伤疤所绑住，而且这种创伤带来的萎缩随时会浮出来。

情绪或感受，可以说是一种经过扩大的念头，或说是透过身体每一组神经回路、每一条肌肉、每个细胞在各角落所扩大的念头。相较于扩散到身体每一个细胞的情绪，一般所谓的“懂”或单纯念头的作用，其实还是相当苍白无力的。

再进一步观察，你就会发现情绪本身也是一个“念相”，就好像是念头进一步化出一个东西或形相。不要说情绪，就连最普通的感受，都有这样的本事。假如不是如此，你我根本也不会有身体的观念。身体的意识，其实就是透过感受定出来的。

如果说理性、逻辑是念头的组合，那么情绪和感受也就是理性和逻辑再加上一层更深层面的知觉。就这么多管齐下，一个观念也就透过感受落到身体。而且，只要落到身体，你自然会发现，好像留下一个疤或结。光是用理性和逻辑去开解，是非常难打开的。

不光如此，再透过身体的“动”，这个疤和结也就又落入回路或习气的层面。某个念头、情绪或感受，透过身体一些不由自主的反应，也许是习惯的姿势、心跳加快、头痛、手或脚惯性地抖了一下，那么，这个疤和结会落得更深，并更难解开。

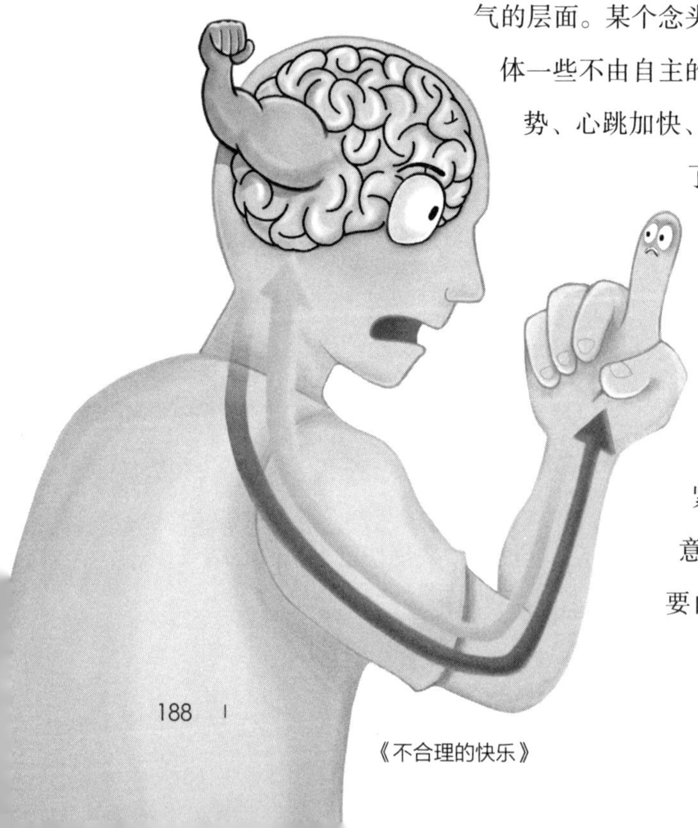

我们谈小你、小我，本身就在描述感受和习气的范围。因此，我才紧接着在《唯识：新的意识科学》之后就用《必要的创伤》来切入这个主

题，希望透过一套简单的方法，让你我可以从情绪、创伤和习气的世界走出来。

毕竟，倘若挣脱不了情绪、创伤和习气的影响，你我就是“懂”了唯识的道理，也不见得可以活出唯识的精神。

至于我在这本书所谈的对世界的认知，其实也是一样的。你、我、每一个人一生出来没多久，就已经被五官的知觉给绑住了。可以说，透过点点滴滴的看、听、闻、尝、触，你不断为自己建立这个世界，不断强化“你”的这个认知。

最可惜的是，你的认知，最多只是一组又一组的数字信号，再经过你的头脑将它们翻译成形相、物质和东西。这些从你脑海得到的形相，其实一点都不客观，也并不真的那么具体，完全还在头脑的范围。

但是，也就是经历了这种多年的洗脑，你我完全不会认为它们不客观，也忘了它们是虚的，甚至还能从这些信号得出一种实体性。不只如此，你我还可以更进一步区分实体的程度，而认为有些比较坚实、有些比较不坚实、比较虚。

在这个数字的时代，就连比较不坚实的东西，比如一个抽象的观念或一组信息带来的画面，其实已经跟一匹马、一个人、一颗石头是一样的坚实。

这些丰富的观点和知识，可以说和情绪已经有一样的地位，随时让我们为世界涂上不同的色彩，而变成你我对自己、对世界认知很重要的一部分。只是，这种认知通常都更带来限制，好像随时在表达这个不可能、那个也不可能。

因此，我才有动机来写这本书，希望透过这里的探讨，最起码描述一个很有意思的现象。也就是说，只要你对这个世界的认知彻底改观，无论透过直接的观察还是更深入的思考，这种摇动其实已经在你所认知的世界打开了一个缝隙。你会发现自己到今天学到的，没有任何一丁点有绝对的重要性，也不是唯一的真实。

既然如此，接下来，你可能会做什么？

或比较正确的问法是，你还会想做什么？

假如你明白了这本书的用意，我很诚恳地建议你，从生活习惯彻底重新起步、重新出发。其实，你的生活习惯，就和你眼中的世界一样，最多只是一种观念；是你过去对世界有某一种认知，而有的某一种反应。透过习惯，你强化的，最多也只是“你”的自我形相。

反过来说，从习惯着手，其实同时你也就在松动你的认知、情绪、创伤、习气和小我。当然，我在《真原医》和《静坐》中也不断提醒，要改变习惯、去掉习气是有诀窍的。重点在于：习气最多只是一种习惯或回路，要解除它的作用，并不是反向地去压抑或对抗，而是正向地透过新的习惯重新建立新的回路。只有透过彻底的正向，你我才能从习气的困扰走出来。

其实，也可以这么来面对修行。因此，我在“全部生命系列”采用的完全是正向的手法，不是让你去检讨自己、压抑自己、折磨自己，而是轻轻松松透过兴趣，让你自然投入一个没有念头、没有思考的范围。这个范围，也就是所谓的大我、大你或是相对意识的门户。

我在序中提过，这本书也可以用“重新起步（reset）”当作书名。当然，如果采用“重新起步”，我会更强调目前大环境的转变对个人带来的冲击，或者将重点摆在个人习气的转化，也可能更强调实务的方法或诀窍，让你进入当前的转折点。

这些转化的方法或诀窍，我在《丰盛》中已经提出了一些，而这些方法确实足以转变一个人的命运。特别是现在地球整体有如此剧烈的转变，我会劝你不要错过这个最好的机会，但愿你能点点滴滴从生活习惯来着手。只要生活习惯转变，人也就跟着改了。

是的，光是从生活习惯、语言表达、念头、行为的习气去改变，就能带动这么大的力量，而可以配合当前地球的变化。希望你不至于把这些话当作只是理论，而是愿意现在就给自己一个机会，立即可以开始。

只要你有勇气，愿意从一个习惯开始。是的，一次一个就好。无论是多小的习惯或多大的习气，都没有关系。你会发现，光是从生活习惯开始，还不用去谈你对自己、对世界的认知，就已经会为你带动一个很有趣的转变。

看完这一页，你马上就可以试试看。

转变的练习

想想，你有什么习惯?

对，你习惯往前走。那么，也就先试一次吧。在公园或其他宽敞平坦安全的地方，你可以试试往后走或往旁边走。

走走看，你会觉得很有趣，原来要面对不熟悉的方向，自己竟然是这么笨手笨脚。当然，你也可能同时发现——啊，原来面对新事物就是这种感觉！好像全身的神经都活起来了！

你可能早就养成上下楼都搭电梯的习惯，那么，就一次，走上楼吧。试试看。也许你会发现，原来你在搭电梯时常在想烦恼的事，也总是会避开别人的视线。这些习惯，在你改成走楼梯时，都不知道到哪里去了！

一天三餐，也是一种习惯。同样，只要你清醒地去关注自己，你会发现吃几餐、吃多少、饮食的种类都是可以变更的。你可能先选一个周末，跳过一餐或两餐不吃，发现自己更放松、更舒服了。你也可能找一个晚上，跟自己说好，这一餐的每一口都要嚼二十下、三十下甚至五十下再咽下去。我相信，你只要尝试，就会在这一餐发现更多关于自己、关于吃饭的新鲜事。

做家事，也有惯性。浴室或厨房边上的水渍，你平时可能不会注意到，也可能顺手就抹掉了。下一次，也许是洗澡后，你可以留意墙壁或门上有多少水痕，而你可以很有意识地移动你的身体，从上到下，把水痕刮掉。只要你试过，也就会发现做家事是最好的身体瑜伽或结构调整的机会。甚至，你如果忘了做，还会觉得似乎少了些什么，好像不够过瘾。

你可能早就忘记了屋里养的小盆栽，试试看，在为它浇水的时候，调整你的呼吸和心情，用一种正向的眼光和它互动。你只要做，也就可能发现，这不起眼的短短半分钟或一分钟，可能是带动你的情绪最好的片刻。

不只你跟小花小草的互动可以改变，你跟朋友互动的习惯当然也可以调整。以前，你可能有些习惯的口头禅或口气特别气人，但你知道了，也可以改。你可以指定自己，今天，也就今天，练习称赞一个人。就这么简单，已经开始了。

当然，你也可能反过来总是泄自己的气，这一点，只要你愿意还是可以改。而且很简单，你只要开始为自己打气，给自己鼓励，也就已经开始改了。

你可能本来很重视打扮，那么，你可以试着简化衣服的样式和数量。有些衣服或配件已经不适合你了，你可以转送给更合适的朋友。

或许你的卧室或书桌总是乱糟糟，椅子或沙发上全是顺手挂着的衣服，桌上散着账单、杂物，两个、三个甚至四个用过的杯子。就从这里开始吧。一开始，只是整理一个角落。不知不觉，可能就整理起第二个、第三个。环境变得清爽，你自然会发现，这么做不是为了别人，而是为了自己。

你也可以把头脑当作是你改变的范围。举例来说，你观察自己，本来会跟着念头跑的，但是，这一次，你突然发现可以踩一个刹车。踩了刹车，也自然发现反而更轻松、更省事。你观察到念头，观察到情绪，也可以做个改变，不再急着判定哪件事比较重要，而是把念头、情绪当作平等、当作每一个都一样、都没有重要性。这么一来，你发现自己反而什么都可以接受，都可以肯定，都可以不用跟着后面走。

这种习惯的改变是做不完的，而你随时都可以找到适合自己的练习。我在《丰盛》里也谈了很多改变习惯的练习，你也可以配合着一起做。不知不觉，你会发现，过去所有的模式，包括讲话的语气、音量、措辞、口头禅、语助词、你怎么看别人、怎么听别人、怎么体会别人……点点滴滴都可以改变。

还有一个层面，是大家都会认同的，反而也更容易忽略的。我们只要偶尔还看看新闻，都会亲眼看到社会的冲突和摩擦愈来愈激烈。甚至，我们自己就随时活在冲突中，就好像每个人在集体业力转动的潮流中，随时看不清自己。

在这个关键的时候，你其实可以随时做一点小的善事，用善意带动善意，融化人和人之间强烈的分别与隔阂。也许只是简单的一句话、一个心情、一个及时的帮忙、一个肯定、一点安慰，可能刚刚好就是眼前人最需要的。这种功课，我会建议每个人都能做，在善意和分享中，帮助彼此平安度过人间的无常和变化，也是对这个星球上的生命最好的保护。

这种从小地方着手的改变，作用就是这么大。你只是采用了一个新的习惯，其他，你什么都没有改变，但竟然好像连个性都变了一个人。甚至，你会逐渐发现：你改了，周围改了，就连地球都跟着改了。这种改变，并不只是你的眼光变了，而是情况确实变了。

这样的变化，会是踩不了刹车、没有回头路的进展。

我唯一可以提醒的也只是：不要急，一次一个或一天一个练习就好。

甚至，你随时可以换另一个习惯来改变。这样做，你自然会发现，没有哪一件事非怎样不可，更不需要把自己固定在某一个模式而不走出来。

你去改变，并不是因为这个习惯有什么问题，最多只是你随时在跟自己示范“改变，是因为我可以[①]。”

这种回转或自由的声明，可能对你这一生的转变是最大的作用。

① I change because I can, not because I need to. 我改，因为我可以改，而不是我需要改。

只是为了自己

这一切，其实不需要任何人来监督或给你打分数，你自然会做一个调整。这些调整，最多也只是反映你对自己的尊重。也就是说，假如你见到自己，而对自己有最高的尊重，那么你会用什么行为来表达这份尊重?

你还会用不好的饮食习惯或睡眠作息去虐待这个自己吗? 还是你会很优雅地表达，而从生活的点点滴滴都可以看到你的从容和对生命的尊重。这，已经跟别人的眼光一点关系都没有了。

这种尊重，并不是要你随时活出一种“标准”或“正确”的样子，更不是让你要求自己只能讲别人可以接受的话、采用别人觉得正确的行为。坦白说，这些表达或行为即使正确，如果不是真心、不是从心自然流出来，而是随时带着一种顾虑、甚至让你觉得要小心翼翼，那么，这种“正确”也只是从头脑带来的又一层束缚，而跟你对自己、对生命的尊重一点关系都没有。

这种从心里流出来的尊重、从容和庄严，自然会反映在你的每一句话、每一个动作中，并且都是神圣的。这一点，你也知道，骗不了别人，更骗不了自己。如果你真正明白这一点，也自然不会觉得自己一定得要做什么、讲什么，或不做什么、不讲什么。那是很自然的。你对人间的一切不会有什么强烈的意见，也不会有什么强烈的倾向。这些，对你都不重要了。

这时候，你也会发现，所有另类的真相、另类的解释都已经完成了它们的任务，已经打破了你这一生的信念和认知，并促使你走上一个没有回头路的转变。既然如此，也没有必要再继续追求了。

你不光是体会到不需要再追求，而同时也意识到，继续在人间的表面追求这些另类的真相，本身也只是消耗生命的能量，而只会把你带到一个虚的轨道，好像你还随时在声明另一个轨道比现在这个轨道更重要。

这一切，对你已经都没有必要。你不会再被骗了。你知道没有哪个“真相”更重要，或有绝对的重要性。无论哪一种真相和解释，最多是一样的重要，也一样的不重要。

唯一你可能会保留的，也只是对生命的尊重。

只要你打开心胸，开放你的眼界，你自然会发现，你的世界早就已经改变了。你并不需要再去追求各种另类的信息。这些不同的真相自然会找到你，而你也只是坦然地让它们来，也可以让它们走。

我会写一本书来谈这些另类的真相，是因为我体会到，这些理念本身有很直接、很实在的作用。如果你对自己、对世界的看法得到一个改观，而你没有让自己被过去的观念绑住，这种转变跟唯识的领悟其实是完全符合的。也就这么简单，自然会加快你的转变或提升。

假如你把“神圣”这种状态随时带回你的瞬间，那么，对你，这种重新出发的作用，其实是不可思议的大。

假如，你又能把自己、真正的自己当作是你的上师，而你自然不会再去反复思索任何一个看法或判断，那么，你所听到、所看到的样样，也就老早失去它的重要性。

你想想，这一步跳跃有多大，而你是不是老早已经和生命的真实接轨了。

但无论如何，你首先要自己踏出第一步。这第一步可以很轻松、很不费力。比如说，只是从这一章所谈的生活习惯随手选一个，也就开始了。当然，也许从一个比较小的习惯开始，会更简单一些。只是从常讲的一句话、常冒出的一个念头、常有的一个重复的行为模式开始，只要你敢踏出改变的第一步，而随时让“全部生命系列”陪着你、给你方向，你自然会发现，有了第一步，早晚会有第二步、第三步……接下来，转变会愈来愈简单，愈来愈不费力。

你的生命，从最踏实的行为开始转变。其实跟你领不领悟没有关系，你已经改变了。这种踏实的转变，也自然回头影响你领悟的成就。这才是真正全面的重新起步、全面的转变。

同时，你自然而然会采用参和臣服来强化你的领悟。其实，参和臣服已经点点滴滴反映在你一天的每一个动作、每一个反应。然而，再一次地，你心里很清楚，这种反映完全不是为了别人，而只是为了自己。

熟练了，甚至，就连这个“自己”也好像消失了。因为那个可以观察自己的“体”，本身还只是你自己。因此，你自然又把注意带回到参，回到臣服。

这才是真正全面的转变，而是你这一生来，一直在等着你完成的。

当然，我相信你已经发现，就连说“等着你”也只是一种比喻。其实，是你自己在等着你自己。除了自己，没有其他。

到这里，话又说回来了，就算你没有体会到它，或好像让它等不到，其实还是没有关系。对它，没有谁、没有体会、没有等到、更没有等不到，什么都没有发生。

你读到这里，我相信已经不会再觉得这些话是抽象的清谈了。甚至，你可能已经发现事实就是如此，且只能是如此。

我最多是透过这些额外的说明，希望协助你透过你的每一个细胞、每一个层面，从身体、情绪、头脑、你全部的一切来投入真实。

试试看。这么做下去，你还有什么地方可以躲避？可以躲避你自己？只怕你没有勇气或真心，来老老实实面对你自己。也只怕你虽然表面上好像懂了，但没有勇气问为什么活不出来。

如果你这么做下去，那么，还有什么可以把你带走？又可能有什么会比真实、比你自己更有意思？

这么一来，不光是你，就连这个世界都跟着转变了。

哪怕你不出声，一句话都没有说，你的存在已经随时在声明自己。这种宁静的声明就像狮子的吼声一样响亮，而自然从每一个角落呼应它自己。